Jörg Erb · Paul Gerhardt und seine Lieder

Jörg Erb

Paul Gerhardt und seine Lieder

JOHANNIS LAHR

Die Deutsche Bibliothek – CIP-Einheitsaufnahme

Erb, Jörg:
Paul Gerhardt und seine Lieder / Jörg Erb. – 6. Aufl., 23.–26. Tsd. –
Lahr : Johannis, 1992
(Edition C : T, Taschenbuch ; 79)
ISBN 3-501-00266-1
NE: Edition C / T

ISBN 3-501-00266-1
Edition C-Taschenbuch Nr. 55079 (T 79)
6. Auflage · 23.–26. Tausend
Umschlagentwurf: Archiv

Gesamtherstellung:
St.-Johannis-Druckerei, 7630 Lahr/Schw.
Printed in Germany 10838/1992

I

Das Leben Paul Gerhardts

GRÄFENHAINICHEN 1607–1622

Zwischen weiten Wäldern versteckt und von einer Wehrmauer umzogen lag an der Straße, die durch bächereiche Niederungen von Wittenberg nach Bitterfeld und weiter nach Halle führt, seit alten Tagen das Ackerbaustädtchen Gräfenhainichen, das in den Jahren unmittelbar vor dem Ausbruch des Dreißigjährigen Krieges wohl tausend Seelen zählen mochte. Einer der drei Bürgermeister, die sich in regelmäßigem jährlichen Wechsel in der Weise ablösten, daß der eine »regierte«, die beiden andern »ruhten«, jedoch mit ihrem Rat zur Verfügung standen, wenn er begehrt wurde – war um diese Zeit der Ackerbürger und Gastwirt Christian Gerhardt, der sich am 12. Mai 1605 in dem weiter südlich gelegenen Eilenburg mit Dorothea, »einer hinterlassenen Tochter des ehrwürdigen, achtbaren und wohlgelahrten Herrn Magisters Caspar Starck Superintendenten«, hatte ehelich trauen lassen. Die Braut stammte demnach aus dem Eilenburger Pfarrhaus – und nicht erst vom Vater her; schon ihr Großvater mütterlicherseits, Herr Gallus Döbler, war Superintendent zu Eilenburg gewesen. Diesen Eheleuten wurde »anno 1607, den 12. Martii, am Tage Gregorii«, der zweite Sohn geboren, der in der Taufe den Namen Paul erhielt.

Es war eine zwar enge, dafür aber runde und heile Welt, in der der Knabe mit seinen Geschwistern aufwuchs. Zum väterlichen Anwesen gehörte die Gastwirtschaft und ein ausgedehnter landwirtschaftlicher Betrieb. Das Städtlein war klein und überschaubar, einer kannte den andern, und die Nachbarschaft stand hoch in Ehren. Feld und Wald lagen nahe; ein weiter Horizont überspannte das flache Land. Morgen und Abend wurden unmittelbar empfunden in ihrem Gleichnischarakter; noch war es dem Menschen verwehrt, mit Hilfe künstlichen Lichtes die Nacht zum Tag zu machen. Über dunklen Wäldern stieg am Morgen die Sonne auf, und andächtig blickten die Kinder im sinkenden Abend zu den Sternen am hohen Himmelssaal auf. Sie sahen die Schwalben unterm Vordach nisten und ihre Jungen speisen, den Storch sein vertrautes Nest wiederbeziehen und die Glucke ihr Völklein ausführen. Mit dem Gesinde fuhren sie auf den Weizenacker, verrichteten ihre Helferdienste beim Garbenbinden und sahen am Abend Hirsch und Reh aus dem Wald treten und in der feuchten Niederung äsen. Sie selbst ließen sich die Beeren munden, die im Wald und am Wegrand reiften, auch die Äpfel, die vom Baum ins Gras plumpsten, und das Brot, das die Mutter buk.

Ihre geistige Nahrung empfingen sie – wie die ganze Gräfenhainicher Bürgerschaft – ausschließlich von der Kirche und der aus ihr hervorgewachsenen und von ihr geleiteten Schule, in der nun auch der Sohn des Bürgermeisters die ersten Grundlagen seiner Ausbildung erhielt. Lateinische Grammatik, lateinische Lese- und Schreibübungen bildeten den Grundstock des Lehrbetriebs; als zweitwichtigstes Fach galt der Gesangsunterricht, denn die Schüler hatten im Gottesdienst den liturgischen Gesang zu bestreiten und in der Kantorei mitzuwirken.

Diese bildete ein festes Band zwischen Kirche, Schule und Bürgerschaft und war zugleich ein Mittelpunkt geistiger Bildung und fröhlicher Geselligkeit. Sie war eine freie Vereinigung gesangeskundiger und gesangliebender Bürger mit eigenen Gesetzen und eingeschriebenen Mitgliedern, die unter der Leitung des Kantors regelmäßig ihre Übungen abhielt und bei allen Fest- und Sonntagsgottesdiensten, auch bei Trauungen und Begräbnissen, sofern es gewünscht wurde, *figuraliter* (mehrstimmig, kunstvoll) sang. Schon Martin Luther hatte den Kantoreien die Doppelaufgabe zugewiesen: den mehrstimmigen Kunstgesang als einen ständigen Bestandteil des Gottesdienstes vorzutragen und dem Gemeindegesang als Beispiel und Ansporn zu dienen. Dieser nahm während des Reformationsjahrhunderts noch eine bescheidene Stellung im Gottesdienst ein und beschränkte sich auf den Gebrauch von zwei oder drei Dutzend Liedern und Melodien, die auswendig gesungen wurden und immer wiederkehrten. Da es auch auf der Fürstenschule zu Grimma und später in Wittenberg und Berlin Kantoreien gab, ist Paul Gerhardt durch viele Jahre hindurch in ein Brauchtum eingegliedert gewesen, das seinem Dichten Anregung und Nahrung gab.

Friede und Eintracht mochten in Gräfenhainichen das Leben der Menschen miteinander bestimmen. Die Welt hingegen war voll kirchlichen Streits, der zuweilen seine Wellen auch in den dörflichen Frieden warf. Fragen des Glaubens beschäftigten damals die Gemüter in unvergleichlich stärkerem Maß als heute, und auch der gemeine Mann nahm leidenschaftlichen Anteil an den Streitgesprächen über das rechte Bekenntnis. In Frage stand nicht der christliche Glaube; so gottlos war die Welt noch nicht. Die Aufmerksamkeit galt den Sonderungen, die, durch eine spitzfindige Auslegung der christlichen Lehre gefördert, sich zu formieren begannen. Zwar war die reformatorische Bekenntnisbildung nach langen und heftigen Auseinandersetzungen *im Konkordienbuch* zum Abschluß gekommen. Aber nun war der *Calvinismus,* von Genf und Frankreich ausgehend, in den lutherischen Kernlanden im Vordringen, und das rief neuen Streit hervor. Die Kurpfalz und das Rheinland, Nassau, Hessen und Mecklenburg waren dem reformierten Bekenntnis zugefallen, und jetzt kam auch das Anhalter Ländchen dazu, das dem Kurkreis Wittenberg unmittelbar benachbart war. Das lutherische Bekenntnis war das einheimische, das Erbteil der Wittenberger Väter, das arm und reich, hoch und niedrig in gleicher Weise umschloß; es bewahrte die Glaubensgrundlage und lebte von ihr. Das reformierte Bekenntnis galt demgegenüber als fortschrittlich; es hatte auch französischen und das bedeutete vornehmen Anstrich, und der wachsende Einfluß Frankreichs in Politik und Literatur, Bildung, Sitte und Mode, vor allem aber die Vorherrschaft der französischen Sprache in den Kreisen derer, die sich als die Gebildeten ausgaben, begünstigte seine Ausbreitung. Den Fürsten empfahl es sich durch seine absolutistische Haltung, den Reichsstädten durch seinen republikanischen Ursprung und den Vornehmen durch die Absonderung vom gemeinen Volk. Nun schickte sich der Calvinismus an, auch Kursachsen, die Vormacht des Luthertums, für sich zu gewinnen.

Etwa zwanzig Jahre, bevor Paul Gerhardt geboren wurde, war in Kursachsen Christian I. an die Regierung gekommen. Unter dem Einfluß seines reformierten Schwagers, des Grafen Casimir von der Pfalz, und seines Kanzlers Nikolaus Krell, der in Frankreich studiert und dort den Calvinismus kennengelernt hatte, versuchte er, sein Land ins reformierte Lager hinüberzuführen und das Luthertum aus seiner Vormachtstellung zu verdrängen. Einen günstigen Angriffspunkt schien der *Exorzismus* zu bieten, den die Reformierten als ein Stück finsteren Aberglaubens verwarfen, während die Lutheraner unter Berufung auf die Reformatoren daran festhielten. Diese Taufzeremonie bestand darin, daß der Täufer den Täufling dreimal anblies und die Worte sprach: »Fahr aus, du unreiner Geist, und gib Raum dem Heiligen Geist«, während die Paten, stellvertretend für den Täufling, dem Bösen und allen finstern Mächten absagten. So war seit den Tagen, da die Germanen Christen wurden, getauft worden. Nach lutherischem

Bekenntnis brachte der Exorzismus den in der Taufe enthaltenen Vorgang zum Ausdruck, daß der Glaubende dem satanisch-dämonischen Bereich entnommen und Christus übereignet wird, und entfaltete die in dieser Übereignung beschlossene Absage an alle bösen und finsteren Mächte.

Im Anhalter Ländchen war der Exorzismus schon 1589 verboten worden, und seither brachten viele Eltern aus dem Anhaltischen ihre Kinder in die nächstgelegene kursächsische Pfarre, damit sie dort »richtig« getauft würden.

Nun war es aber auch in Kursachsen soweit. 1591 erging ein herzogliches Verbot, den Exorzismus in der Taufe anzuwenden. Das Volk geriet in äußerste Erregung, denn es maß dieser Zeremonie große Bedeutung bei; auch viele Pfarrer sträubten sich gegen das Verbot in der Überzeugung, daß, wo Christus einziehen soll, der Teufel ausgetrieben werden muß, und daß keine Übereignung an Christus möglich ist ohne Absage an den Teufel, der uns im Ungehorsam und Widerstand gegen Gott halten will, und wurden bestraft. Der Dresdener Hofprediger Martin Mirus wurde auf dem Königsstein eingekerkert und später des Landes verwiesen. Auch der Superintendent in Gräfenhainichen, Magister Tobias Mirus, wurde seines Amtes entsetzt. Paul Gerhardts Eilenburger Großvater Caspar Starck mußte auf freiem Feld seine Abschiedspredigt halten und den Wanderstab zur Hand nehmen.

Die Erinnerung an solche Verfolgung und Leiden um des Bekenntnisses willen lebte in den betroffenen Gemeinden und Familien lange fort. Der Bürgermeister Christian Gerhardt wird nicht versäumt haben, von dem bekenntnistreuen Magister Tobias Mirus zu berichten, wenn er gelegentlich mit seinen beiden Söhnen am Pfarrhaus hinter der Marienkirche vorüberging, und auch die Mutter Dorothea wird von ihrem Vater erzählt haben, der für sein Bekenntnis unerschrocken eingetreten war und dafür die Schmach und Not des Exils auf sich genommen hatte. Tief hat sich das Wissen um diese Ereignisse dem Knabenherzen eingeprägt und darin die Erkenntnis gewirkt, man müsse für sein Bekenntnis einstehen, es gehe, wie es wolle, und komme, was da mag. Man wird sich dessen erinnern müssen, wenn man den Kampf begreifen will, den der Dichter mit dem Großen Kurfürsten um die uneingeschränkte Geltung des lutherischen Bekenntnisses geführt hat.

Dieses Bekenntnis blieb Kursachsen erhalten. Denn von 1611 ab war der Kurfürst Johann Georg bestrebt, durch Gesetze und Lehrordnungen jeden reformierten Einfluß von seinen Untertanen fernzuhalten. Für alle seine Räte, Diener, Haupt- und Amtsleute führte er das *juramentum religionis* ein, durch das sie sich auf das Augsburger Bekenntnis bis an ihr Ende verpflichteten, und befahl ihnen sämtlich, das Konkordienbuch zu unterschreiben. »Insonderheit befehlen wir hiermit unsern Verordneten in Kirchen- und Schulsachen den Rektoren, Professoren und Doktoren unserer Universitäten, allen Superintendenten, Pfarrern und Diakonen, den Rektoren der Fürstenschulen zusamt unsern Stipendiaten und Alumnen, daß sie solches Buch ihnen wollen befohlen sein lassen, dasselbe mit Fleiß lesen, ihre Examina darauf richten, niemand, der solches nicht unterschrieben und seine Pflicht darauf geleistet, zu Dienst fördern und mit Ernst darüber wachen, damit in unserm Kurfürstentum und Land, Kirchen und Schulen nichts öffentlich dawider gelehrt noch heimlich eingeschleust werde, so lieb einem jeden Gottes Huld, unsere Gnade und seiner Seelen Seligkeit ist.«

Ohne Zweifel lag im lutherischen Bekenntnis die religiöse Kraft Kursachsens, wenn auch die ungeistlichen Mittel, mit denen es geschützt wurde, anfechtbar blieben. Es war doch eine aus der Tiefe der Herzen aufbrechende geistliche Erhebung, die durch die sächsischen Lande ging, als Ende Oktober/Anfang November 1617 gemäß eines Ausschreibens des Kurfürsten die erste Jahrhundertfeier der Reformation vier Tage lang mit »herzlicher Danksagung gegen Gott« in sämtlichen Gemeinden begangen wurde. Da werden auch die Gräfenhainicher und allen voran ihre Sängerknaben kräftig in den allgemeinen Jubel mit eingestimmt haben.

1619 starb der Vater Christian Gerhardt im besten Mannesalter; schon zwei Jahre darauf folgte ihm die Mutter Dorothea im Tode nach. Wir wissen nicht, was für eine Krankheit die Eltern in der Blüte ihrer Jahre den noch unversorgten Kindern entrissen hat. Indessen: die Wirtschaft auf dem elterlichen Anwesen scheint weiterbetrieben worden zu sein und hat offenbar die notwendigen Mittel für den Unterhalt und die Ausbildung der Kinder, vornehmlich der beiden Söhne Christian und Paul, abgeworfen.

GRIMMA 1622–1627

Herzog Moritz von Sachsen hatte in den Jahren von 1546–1550 aus den »erledigten« Klöstern und Stiftsgütern drei Schulen zu Meißen, Pforta und Grimma aufgerichtet, »darinnen die Jugend zu Gottes Ehren und im Gehorsam erzogen, in den Sprachen und Künsten und vornehmlich in der Heiligen Schrift gelehrt und unterwiesen werde, auf daß es mit der Zeit an Dienern der Kirche und andern gelehrten Leuten in unsern Landen keinen Mangel gebe«. Diese Fürstenschulen waren Internate, die auch in ihrer Lebensgestaltung und Erziehungsweise das klösterliche Erbe bewahrten und, gemäß ihrer Bestimmung, die geistige Auslese des Landes für gelehrte Berufe ausbilden sollten.

Grimma war die jüngste unter den drei sächsischen Fürstenschulen, die weithin als Musteranstalten galten und in hohem Ansehen standen. Der Ort lag an der Mulde, südöstlich von Leipzig, und die Schule selbst war in dem ehemaligen Augustinerkloster untergebracht. 96 Zöglinge konnten aufgenommen werden, und über die Hälfte der Plätze konnten die größeren Orte des Kurkreises verfügen; auch Gräfenhainichen stand ein Platz zu. In diese Schule, in die ein Jahr zuvor sein älterer Bruder Christian aufgenommen worden war, rückte am 4. April 1622 mit fünfzehn Jahren auch Paul Gerhardt ein.

Die Schüler hausten in den Zellen, in denen einst die Mönche studiert, gebetet und geschlafen hatten, und in dem alten Refektorium nahmen sie ihre Mahlzeiten ein. Klösterlich streng war die Lebensordnung, klösterlich streng war auch der Tageslauf geregelt. Im Sommer wie im Winter erhoben sich die *Alumnen* um fünf Uhr, wuschen sich, legten die *Schalaune*, ein kuttenähnliches Gewand an, das jeder Schüler zu tragen verpflichtet war, und verrichteten kniend das Morgengebet. Dann galt es, das Bett zu ordnen, das Schuhwerk zu reinigen, die Zelle zu fegen und aufzuräumen. Wollte man mit all diesen Geschäften rechtzeitig fertig sein, mußte man sich sputen; denn schon um sechs Uhr begann im großen Lehrsaal mit einem griechischen oder lateinischen Gebet die erste Unterrichtsstunde. Um sieben Uhr wurde in der Klosterkirche unter Leitung des Kantors der kunstvolle Lobgesang angestimmt. Erst nachdem er vollbracht war, gab es die Morgensuppe zu essen. Es folgten dann vier weitere Lektionen, jeweils von einer Studier- oder Erholungsstunde unterbrochen. Das Mittagessen wurde schon um zehn, das Abendbrot um vier Uhr eingenommen; um sieben Uhr wurde der Schlaftrunk gereicht, und eine Stunde später hatten die Alumnen ihre Zellen aufzusuchen, die nicht heizbar waren und nie mit brennendem Licht betreten werden durften.

Nur einmal in der Woche wurde dieser Tageslauf durch einen gemeinsamen Gang in das Nimbscher Wäldchen unterbrochen. Da schritten dann die Klosterschüler in ihren

Schalaunen je zwei und zwei in langem Zug und gemessenen Schrittes dahin, in unsern Augen ein merkwürdiges, unjugendliches Bild und ein höchst bescheidenes Vergnügen. Dieser gemeinsame Gang bot den Schülern die einzige Gelegenheit, einmal für kurze Zeit die Klostermauern hinter sich zu lassen. Ihr ganzes übriges Leben, einschließlich der Erholungszeit, spielte sich in dem engbegrenzten ehemaligen Klosterbezirk ab. Auch die Ferien entließen sie nicht aus dieser engen Haft; denn sie bestanden darin, daß zur Zeit der drei großen kirchlichen Feste die Lektionen für eine oder zwei Wochen durch freie Studien abgelöst wurden. Heimaturlaub gab es erst nach zweijährigem Aufenthalt in der Schule und dann höchstens zwei Wochen im Jahr.

Da die Fürstenschulen nach ihrer Bestimmung, in ihrer Einrichtung und in ihrem Lehrbetrieb für eine Begabtenauslese zugeschnitten waren, ist es nicht verwunderlich, daß nicht alle Zöglinge das schwere Joch, das ihnen aufgelegt wurde, zu tragen vermochten. Unterm 3. Februar 1623 wurde der Rat von Gräfenhainichen vom Rektor in Grimma darüber unterrichtet, daß das Kind der Stadt, Christian Gerhardt, »ohne Anzeigung einiger Ursach« aus der Schule entlaufen sei und daß man dem Kurfürsten den Vorfall berichten müsse, wenn sich der genannte Schüler nicht alsbald wieder in der Schule einstelle. Der Rat sandte den Ausreißer, der sich in der Heimat eingefunden hatte, mit einem Boten zurück und bat zugleich, »den verübten Mutwillen, darob wir zwar sonderliches Mißfallen hegen, nicht an seine Kurfürstlichen Gnaden gelangen zu lassen, weil doch alle Mühe und Unkosten an gedachtem Gerhardt vergebens angewandt zu sein uns dünket.« Der Ausreißer hatte nämlich auf Befragen bekannt, daß er keine sonderliche Lust zum Studieren habe. Der Grund seiner Flucht muß in dem Umstand gesehen werden, daß er sich den Anforderungen der Schule nicht gewachsen fühlte. Zu dieser Einsicht ist offenbar auch der

Rektor der Schule gekommen. Christian Gerhardt wurde »in Ansehung seines herzlichen Bedauerns« in Gnaden aus der Schule entlassen. Paul aber hat in Grimma durchgehalten, sicherlich nicht ohne Heimweh nach den schönen Tagen seiner frühen Jugend und nach der Freiheit, die er im Elternhaus zu Gräfenhainichen genossen hatte.

Die Schule sollte und wollte gottesfürchtige Gelehrte erziehen; da mußten nach ihrer Überzeugung Freiheit und jugendliche Ungebundenheit auf der Strecke bleiben. Wer ein Gelehrter werden wollte, durfte sich nicht der Muttersprache bedienen; denn deutsch sprach nur der Pöbel, das ungebildete Volk, von dem sich der Gelehrte so weit als nur möglich absetzen mußte. Alle Unterrichtsform zielte darauf, das Latein zur Muttersprache des Gelehrten zu machen und an die Stelle der angeborenen und minderbewerteten zu setzen. Dementsprechend durften in Grimma die Alumnen mit ihren Lehrern und auch untereinander nur lateinisch sprechen, und der ganze Unterricht, einschließlich der christlichen Unterweisung, wurde in lateinischer Sprache erteilt; nur auf der Unterstufe behielt der *Kleine Katechismus* Martin Luthers sein Recht. Nie wurde aus der Fremdsprache ins Deutsche übertragen; der neue Gedanke wurde mit lateinischen Worten umschrieben. Es ist unnötig zu sagen, daß nichts unternommen wurde, die Schüler in der Beherrschung der deutschen Sprache zu fördern.

Nichts war mehr übriggeblieben von der Wertschätzung der deutschen Muttersprache, die Martin Luther bewogen hatte, in unsäglich mühevoller Arbeit die Bibel ins Deutsche zu übertragen, deutsche Lieder zu dichten, dem deutschen Volk in der angestammten Muttersprache zu predigen und ihm im Kleinen Katechismus den christlichen Glauben kurz und bündig auszulegen. Gewiß hatte auch der Reformator die alten Sprachen hochgeschätzt, aber aus einem andern Grund als die von ihrer Gelehrsamkeit betörten Schulmeister, zu deren Füßen Paul Gerhardt in

Grimma saß. Diesen Grund hat Martin Luther dargelegt in seiner Schrift »An die Ratsherren aller Städte in deutschen Landen, daß sie christliche Schulen aufrichten und halten sollen«. Dort heißt es: »Laßt uns das gesagt sein, daß wir das Evangelium nicht wohl werden erhalten können ohne die (alten) Sprachen. Die (alten) Sprachen sind die Scheiden, darin das Messer des Geistes steckt; sie sind der Schrein, in dem man dieses Kleinod trägt; sie sind die Kammer, darin diese Speise liegt; sie sind die Körbe, darin man diese Brote, Fische und Brocken behält. Ja, wenn wir's versehen, daß wir die (alten) Sprachen fahren lassen, so werden wir nicht allein das Evangelium verlieren, sondern auch endlich dahin geraten, daß wir weder lateinisch noch deutsch recht reden oder schreiben können.«

Der Lehrgrundsatz der Schulen war seit Philipp Melanchthon die *Imitatio,* die Nachahmung. Die Weisheitsworte der Alten, ihre Verse und gültigen Worte so in sich aufzunehmen und sich zu eigen zu machen, daß man jederzeit die eigene Rede damit schmücken und damit den Erweis seiner Bildung erbringen konnte, das war die Arbeit, wie sie Lehrern und Schülern zukam. Dazu gehörte weder Herzensbildung noch künstlerische Begabung; notwendig waren ein gutes Gedächtnis und fleißige Übung. Für beides bot die Schule Rat undHilfe, indem sie auf das Sammeln und Einprägen von Weisheitsworten, Denk- und Sinnsprüchen, von Wortspielen, Merksätzen und geflügelten Worten einen erheblichen Teil ihrer Zeit verwendete. Dabei war sie von der Überzeugung geleitet, daß, was die Alten gedichtet und geschrieben haben, vollkommene Werke und gültige Formgesetze für alle Zeiten und alle Völker seien, die wir bewundern, nachahmen und in der Nachahmung auch einmal erreichen, aber nie überbieten könnten. »Das Kunstgefühl stand noch auf der kindlichen Stufe, die sich an geborgten Steinen nicht minder freut als an echtem und eigenem Schmuck.«

»Die *imitationes* für Poesie und Prosa« begannen in

Grimma schon in der zweiten Klasse. Man brachte verstümmelte Verse wieder in das rechte Maß und versuchte, nach den Beispielen der Vorlage eigene Verse zu bauen. Das Verhalten der Lehrer sollte die Schüler davon überzeugen, daß die Ausübung lateinischer Verskunst ein unerläßliches Kennzeichen eines Gelehrten sei. So war der Boden, auf dem sich Paul Gerhardt in seinen frühen Bildungsjahren bewegte, vom Geröll fremdsprachlicher dichterischer Bestrebungen überlagert, und es muß einen wundernehmen, daß der zarte und noch schlummernde Keim seines Dichtertums davon nicht verschüttet und erstickt wurde. Den rechten Trieb zur Nachahmung hat er zum Leidwesen seiner Lehrer vermissen lassen, und seine lateinischen Verse, die er auf der Schule drechselte, wurden nur als erträglich bezeichnet. In seinen Zeugnissen ist er als ein Schüler gekennzeichnet, der sich ohne Schwierigkeiten in die Ordnung der Schule fügen konnte; seine Begabung und auch sein Fleiß wurden anerkannt.

Höchstes Ziel alles Unterrichts und aller Erziehung war und blieb die Gottesfurcht und die Bekenntnistreue. Diesem Ziel diente nicht nur die Glaubensunterweisung, in der die Heilige Schrift, das Konkordienbuch und der Katechismus erklärt wurden; ihm dienten nicht allein die Gottesdienste am Sonntag und Freitag, in denen die Kantorei zu singen hatte: die ganze Anstaltsordnung und der ganze Tageslauf waren darauf gerichtet, die Schüler zu »Gottesfurcht und guter Sitte« zu erziehen. Damit sie den Gedanken an die Allgegenwart Gottes keine Stunde aus den Augen verlören, begleiteten Gebete und Betrachtungen die Alumnen auf Schritt und Tritt. Gebet eröffnete die Lehrstunden, mit Gebet wurde der Tag begonnen und beschlossen. Während Melanchthon in seinen Anweisungen noch christliche und antike Lehrstücke, das Glaubensbekenntnis, die Psalmen, die Bergpredigt und Stücke aus Ovid, Homer und Plato nebeneinandergereiht hatte, wurden zu Paul Gerhardts Zeit in Grimma die antiken Dichter zurückgedrängt und an ihre Stelle die alten christlichen Hymnen gesetzt. Christlicher Geist durchwaltete die Schule; Allotria wurde nicht geduldet, und selbst bei den Mahlzeiten wurde, um unnützes Geschwätz fernzuhalten, wie einst zur Zeit der Mönche ein Kapitel aus der Heiligen Schrift vorgelesen, nur mit dem Unterschied, daß es jetzt in deutscher Sprache geschah.

Wenn der Dichter viele Jahre später während seines Kampfes um die Geltung des lutherischen Bekenntnisses in einem Brief an den Großen Kurfürsten schreibt: »Ich fürchte mich vor Gott, in dessen Anschauen ich hier auf Erden wandle«, so kommt hier der Grundsatz zur Auswirkung, der ihm in Grimma in Fleisch und Blut eingegangen ist: ständig vor Gottes Augen zu leben – und das Wissen, ihm Rechenschaft schuldig zu sein.

Kurz vor Weihnachten des Jahres 1627 verließ Paul Gerhardt nach abgelegtem Examen die Fürstenschule, um sich in Wittenberg dem Studium der Theologie zu widmen.

WITTENBERG 1628–1642(?)

Am 2. Januar 1628 wurde Paul Gerhardt unter die akademischen Bürger der Lutherstadt aufgenommen. Der Krieg dauerte nun schon ins zehnte Jahr, und Not und Elend wuchsen in den vom Krieg betroffenen Landstrichen von einem Sommer zum andern. Doch zogen auch im Dreißigjährigen Krieg die Heere nicht unmittelbar von einer Schlacht in die andere; es gab Pausen, in denen das Leben sich erholen konnte, und es gab Gebiete in den deutschen Landen, die vom Krieg kaum berührt wurden. Beides traf auch für Wittenberg zu. Die Professoren hielten ihre Vorlesungen, und die Studenten konnten studieren, sofern ihnen daran lag. Es wurden Bücher geschrieben und gelesen; dem Leben blieben friedliche Möglichkeiten.

Wittenberg war die erste von einem Landesfürsten gegründete Universität, aber auch sie trug kirchlichen Charakter. Die Verschärfung im Verhältnis der reformatorischen Kirchen untereinander drückte auch der Hochschule ihre Spuren auf. Wer an ihr lehren oder studieren wollte, mußte sich zuvor durch Unterschrift auf das Augsburger Bekenntnis verpflichten; darüber hinaus hatten alle Landeskinder die *Konkordienformel* zu unterschreiben. Diese war von lutherischen Theologen erarbeitet worden, um der drohenden Zersplitterung des Luthertums zu wehren, und war erst nach einem langjährigen und mühsamen Ringen zustande gekommen. Sie galt dem echten Lutheraner als ein Gottesgeschenk, das, wenn nötig, mit den Zähnen verteidigt werden mußte; denn es war das Glaubensbekenntnis des Luthertums schlechthin, das nicht angetastet werden durfte. Man macht es sich zu leicht, wenn man die Menschen jener Zeit als engstirnige Fanatiker abtut; versucht man sie aus den Umständen ihrer Zeit zu verstehen, kann man ihnen den Respekt nicht versagen.

Die theologischen Studien an der Universität, die ausschließlich in lateinischer Sprache betrieben wurden, begannen mit einer gründlichen Einführung in die Heilige Schrift Alten und Neuen Testamentes; im zweiten und dritten Jahr folgte die dogmatische Unterweisung, und schließlich wurden die Studierenden im dritten Jahr in der Kunst der Polemik, das heißt in der Auseinandersetzung mit Andersdenkenden und in der Verteidigung des eigenen Bekenntnisses, geübt. Das Herzstück der Theologie war demnach die Dogmatik, die Glaubenslehre; in der Ausfeilung der durch das Konkordienbuch festgelegten Glaubenssätze bis in die letzten Spitzen und Feinheiten sah sie ihre Hauptaufgabe.

Warum Paul Gerhardt volle vierzehn Jahre an der Hochschule zugebracht hat, ohne sich einen akademischen Grad zu erwerben oder einen bescheidenen Lehrauftrag wahrzunehmen, wird letztlich nur aus den außergewöhnlichen Zeitumständen zu erklären sein. Die Biographen wissen aus diesen Jahren seiner inneren Entwicklung nichts Wesentliches zu berichten. Ohne Zweifel mußte er zwischendurch die Mittel für seinen weiteren Studienaufenthalt erwerben. So scheint er Mitte der dreißiger Jahre im Haus des Predigers Fleischhauer als »Informator« tätig gewesen zu sein. Vermutlich hat er sich auch des öfteren und für längere Zeit in der Heimat in Gräfenhainichen aufgehalten, zumal die Pest auch nach Wittenberg vordrang und vor dem Elstertor zeitweise ein Leichenzug den andern drängte.

Um 1630 war der Kaiser seinem Ziel, den Protestantismus auszurotten, ziemlich nahe gekommen. Johann Georg von Kursachsen aber meinte noch immer, in seiner »bewaffneten Neutralität« verharren zu können, und trug damit sein Teil zum Fall der Festung Magdeburg bei, die im Volksmund »unseres Herrgotts Kanzlei« hieß. Da erschien der »Retter aus Mitternacht«, Gustav Adolf von Schweden, und zwang ihn zum Bündnis. Vom 31. August bis zum 3. September 1631 zog die schwedische Armee über die Wittenberger Elbbrücke, nachdem zuvor dem König die Schlüssel zur Festung ausgehändigt worden waren. Zu den Studenten, die ihn feierlich einholten – vielleicht war auch Paul Gerhardt unter ihnen –, soll der König damals gesagt haben: »Ihr Herren, von euch ist aus diesem Ort das Licht des Evangeliums zu uns gekommen; weil es aber bei euch durch die Feinde will verdunkelt werden, müssen wir zu euch kommen, um nächst Gott dasselbige Licht wieder anzuzünden.« Doch schon ein Jahr später sahen die Wittenberger den Trauerzug durch ihre Stadt ziehen, der den toten König in seine nordische Heimat geleitete.

Der Krieg verwilderte mehr und mehr. Am Osterdienstag

1637 erschienen die Schweden vor Gräfenhainichen und forderten dreitausend Gulden Kriegssteuer. Mit Mühe und Not wurde die Summe zusammengebracht und übergeben. Dennoch ging die unglückliche Stadt in Flammen auf. Mit 166 Wohnhäusern, 167 Stallungen und 59 Scheunen sanken auch die Marienkirche, das Schloß, die Schule, das Pfarrhaus und auch das Gerhardtsche Anwesen in Schutt und Asche. Am 7. November des gleichen Jahres starb Christian Gerhardt, der das väterliche Anwesen übernommen und den Vorsitz im Schöffengericht innegehabt hatte, mit einunddreißig Jahren an der Pest.

Die Zerstörung des Elternhauses, die Einäscherung der Vaterstadt, die Verwüstung der Heimatflur und der Tod des leiblichen Bruders und vieler geliebter Menschen müssen Paul Gerhardt in tiefster Seele erschüttert haben. Als er sich viele Jahre später anschickte, dem wiedergekehrten Frieden ein Preislied zu singen, brach die Klage um das Verlorene noch einmal durch, und es ist seinen Versen abzuspüren, daß ihm das Bild der zerstörten Heimat vor der Seele stand.

Sei tausendmal willkommen,
du teure, werte Friedensgab!
Jetzt sehn wir, was für Frommen
dein Bei-uns-Wohnen in sich hab.
  In dir hat Gott versenket
all unser Glück und Heil;
wer dich betrübt und kränket,
der drückt sich selbst den Pfeil
des Herzleids in das Herze
und löscht aus Unverstand
die güldne Friedenskerze
mit seiner eignen Hand.

Das drückt uns niemand besser
in unsre Seel und Herz hinein

als ihr verstörten Schlösser
und Städte, voller Schutt und Stein,
ihr vormals schönen Felder,
mit frischer Saat bestreut,
jetzt aber lauter Wälder
und dürre, öde Heid,
ihr Gräber voller Leichen
und blutgem Heldenschweiß
der Helden, deren gleichen
auf Erden niemand weiß.

BERLIN 1643(?)–1651

Am 3. September 1643, den 14. Sonntag nach Trinitatis, wurde in Berlin eine Hochzeit gefeiert. Die Tochter Sabine des Kammergerichtsadvokaten Andreas Berthold heiratete den verwitweten Archidiakonus von Sankt Marien, Magister Joachim Fromm. Nach dem Brauch der Zeit überreichten Freunde und Standesgenossen dem Hochzeitspaar ihre in lateinische Verse gebrachten Glückwünsche in einem gedruckten Heft. Unter den Gratulanten befanden sich der Propst von Sankt Nikolai, die beiden Prediger von Sankt Marien, der Bürgermeister, der Rektor und Konrektor vom Grauen Kloster. Mitten inne zwischen den gelehrten Versübungen dieser Herren findet sich ein deutsches Lied, »das wie eine eben gepflückte Rose zwischen Papierblumen duftet« und mit »Paulus Gerhardus studiosus theologiä« unterzeichnet ist. Es läßt alle Hauptlinien seiner späteren Eigenart deutlich hervortreten: neben der leichten und ungezwungenen Handhabung des Versmaßes die Volkstümlichkeit und Wärme der persönlichen Beziehungen und das fröhliche Vertrauen in Gottes Führung als Grundton der Frömmigkeit.

Der aller Herz und Willen lenkt
und, wie er will, regieret,
der ist's, der Euch, Herr Bräutigam, schenkt,
die man Euch zugeführet.
Glück zu, Glück zu, ruft jedermann;
Gott gebe, daß es sei getan
zu beider Wohlergehen.

Wie Gott will, brennen auf der Erd
die ehelichen Flammen;
wie eins dem andern wird beschert,
so kommen sie zusammen.
Im Himmel wird der Plan* gemacht,
auf Erden wird das Werk vollbracht,
das gibt ein schönes Leben.

O selig, der, wenn's Gott gefällt,
ein Wölklein einzuführen,
ein treu und fröhlich Herz behält,
läßt keinen Unmut spüren.
Ein Wölklein geht ja schnell vorbei,
es währt ein Stündlein oder zwei,
so kommt die Sonne wieder.

Wohlan, laß Regen, Reif und Wind
kurz oder lang ansetzen;
wer Gott liebt, bleibet Gottes Kind,
kein Fall wird ihn verletzen.
Er sitzet in des Vaters Arm,
der gibt ihm Schutz, der hält ihn warm
und spricht: »Sei unerschrocken!«

Die achtzehn Strophen des Liedes lassen erkennen, daß der Dichter mit den Lebensumständen und Familienverhältnissen des hochzeitlichen Paares wohl und nicht erst seit gestern vertraut war. Das Lied liefert den Nachweis,

*) Gerhardt: Schluß=Beschluß

daß der Dichter um 1642/43 seinen Wohnsitz von Wittenberg nach Berlin verlegt haben muß. Daß er sich noch als »studiosus« bezeichnet, will nicht sagen, daß er seine Studien noch immer nicht abgeschlossen habe, sondern nur, daß er noch nicht zu Amt und Würden gekommen sei.

Berlin war damals noch ein Landstädtchen mit viertausend Einwohnern. Auch hier hatte der große Krieg schwere Wunden geschlagen, obgleich der Große Kurfürst ehrlich bestrebt war, sein Land aus den Kriegswirren herauszuhalten. In den strohgedeckten Ställen und Scheunen der engbebauten Stadt hatte die gefräßige Flamme der Kriegsfackel willkommene Nahrung gefunden. Viele Häuser standen zerfallen und verödet, weil die Pest ihre Bewohner verschlungen hatte oder die Menschen in Angst und Entsetzen vor der Seuche geflohen waren. Paul Gerhardt hat sich vermutlich glücklich geschätzt, daß er bei der befreundeten Familie Berthold äußere und innere Geborgenheit fand und sich, wie Jahre zuvor im Fleischhauerschen Hause in Wittenberg, als Informator nützlich machen konnte, indem er die Kinder des jüngeren Andreas Berthold unterrichtete. Er war um diese Zeit 37 Jahre alt. Daß er seinen Lebensunterhalt als Informator verdiente, wundert uns nicht; aber daß er auch jetzt noch, nachdem der große Krieg in sein letztes, unsinnigstes Stadium eingetreten war und Not und Elend zum Himmel schrien, still dahinlebte, acht Jahre lang, ohne Amt, die Kinder der Freunde unterrichtend und ab und zu ein paar Verse schreibend, das ist schwer vorstellbar.

Bei jener Hochzeit war auch die jüngste Tochter des Bertholdschen Hauses, Anna Maria, zugegen gewesen, und damals schon war eine stille Zuneigung zu dem schönen Mädchen in Gerhardt erwacht, die Erwiderung fand. Aber auch die Liebe konnte ihn nicht dazu bewegen, sich um ein Amt zu bewerben. War er eine so versponnene Natur, daß er kein Verlangen trug nach öffentlichem Wirken? Spürte er in diesen jungen Mannesjahren keinerlei Nötigung, ein

Werk anzugreifen, ein Amt zu erfüllen? Die acht Jahre seines ersten Berliner Aufenthaltes bleiben nicht weniger im Dunkel als seine Wittenberger Zeit. Oder hatte Paul Gerhardt Bedenken, das Amt zu ergreifen, auf das er sich lang genug vorbereitet hatte, weil er sich unwürdig und nicht gründlich genug gerüstet vorkam? Gute zwanzig Jahre nach dieser Zeit schrieb der gereifte Mann an den Magistrat von Lübben: »Hochverehrteste Herren und gottesfürchtige Regenten, ihr werdet wohl wissen, was für ein schweres Amt das Seelsorgeramt ist.« Und in einem Brief an den Rat von Berlin vom Jahr 1669 heißt es: »Ich weiß durch Gottes Gnade und habe es genugsam erfahren, was für eine große Angst die schwere Arbeit demjenigen Prediger bereitet, der sein Amt treulich meint.« Das ist die Erfahrung des im Dienst ergrauten Predigers, dem sein Amt ein schweres Amt geblieben ist. Entsprechend mag die Auffassung des Kandidaten Gerhardt ausgesehen haben. Wer aber so denkt, der brennt nicht darauf, sich so schnell wie möglich in die Aufgaben des Amtes zu stürzen. Der Zweifel, ob er des Amtes würdig und ihm gewachsen sei, wird immer stärker gewesen sein als das Verlangen, es anzutreten und anzugreifen. »So dürfen wir uns den Dichter in seinen ersten Berliner Jahren als einen Mann vorstellen, der, auf bescheidene Weise sein Leben fristend, in Ruhe abwartete, wann für ihn der unabweisbare Ruf erfolgen würde, indessen er dann und wann zur Feder griff, um den Glaubensgedanken und Lebensstimmungen, die ihn bewegten, dichterischen Ausdruck zu verleihen.« (Kurt Ihlenfeld)

Auch wenn er sein Verhalten in diesen Jahren einmal kritisch überdachte, konnte er sich guten Gewissens sagen, er habe seine Gedichte nicht zum eigenen Ruhm gemacht, auch nicht zum ästhetischen Genuß der Liebhaber schöner Lyrik, sondern sie seien der Gemeinde zugedacht, zu der er selbst gehörte und der er auf Grund seiner Ausbildung einmal im Amt dienen sollte, und daß er also wenigstens zu einem kleinen Teil seines Verkündigungs- und Trostamtes walte, ganz abgesehen von der Aushilfe im Amt, die er den Predigern zuteil werden ließ.

Es ist bezeichnend für ihn, daß er keinen Finger gerührt hat, seine Gedichte unter die Leute zu bringen, sie also im Druck herauszugeben. Doch fand er für diese Arbeit sehr geeignete Helfer in den Kantoren von Sankt Nikolai: Johann Crüger und dessen Nachfolger Johann Georg Ebeling.

JOHANN CRÜGER 1598–1662

Nachdem der große Krieg unsägliches Leid auf das deutsche Land gelegt hatte, der Wohlstand der Bürger in Asche versunken war und auf den Straßen dem Elend nur noch der Hunger begegnete und unzählige Herzen vor Leid und Schmerz bluteten, sang eine Stimme der Seele Trost und Frieden: wie ein Licht in der Nacht blieb das fromme Lied. Mochten ihm als Kunstform noch Mängel anhaften, das zählte jetzt nicht. Nicht Kunstgenuß suchte das Herz, sondern Labung im Leid, Trost in der Not, Zuversicht im Elend. Nie zuvor hat es eine Art deutscher Dichtung gegeben, an der alle Stände in solchem Maß Anteil gehabt hätten. Nicht nur der einzelne Mensch, ein ganzes Volk machte sich dieses kostbare Gut zu eigen, schöpfte daraus neuen Mut und erfuhr aufs neue seine Einheit und Gemeinsamkeit. Im geistlichen Lied fand dieses Jahrhundert seine Selbstdarstellung, und Paul Gerhardt ist sein Klassiker. Dem Kantor an Sankt Nikolai in Berlin aber, Johann Crüger, kommt das Verdienst zu, den Versen Paul Gerhardts Melodien und damit Flügel gegeben zu haben, mit denen sie sich ausbreiten konnten, ihr Trostamt auszurichten.

Er stammte aus Groß-Breesen bei Guben an der Oder und war der Sohn eines wohlhabenden Wirtes und Enkel eines Pfarrers. Nach dem Besuch der Schule in Guben begab er sich, einer zeitgenössischen Sitte entsprechend, auf eine Schulwanderung, die ihn über Breslau und Olmütz nach Regensburg führte, wo er auf einer Poetenschule gediegenen Musikunterricht empfing. Er zog durch Österreich nach Ungarn, hielt sich längere Zeit in Preßburg auf und kam im Jahr 1615 über Böhmen und Freiberg in Sachsen nach Berlin. Hier war er fünf Jahre lang Informator der Kinder eines Hauptmanns von Blumenthal und ging dann als Student der Theologie nach Wittenberg. Aber schon nach zwei Jahren wurde er in das mit einer Lehrerstelle am Grauen Kloster verbundene Kantorat an der Nikolaikirche in Berlin berufen und erachtete diesen Auftrag als eine Vorstufe für das geistliche Amt, das ihm als Lebensberuf vorschwebte. Doch blieb er durch vierzig Jahre hindurch bis an seinen Tod Kantor an Sankt Nikolai und hat in einer Blütezeit des Kirchenliedes und des Schulgesangs dem musikalischen Leben Berlins das Gepräge gegeben.

Johann Crüger gehörte zu den wissenschaftlich gebildeten Kantoren seiner Zeit. »Seine Theorie beruhte in allen Punkten auf dem sicheren Fundament des Glaubens, daß die Gesetze der Musik Ordnungen der Schöpfung sind; und wenn sie auf Grund ihres Wesens eine psychologische Wirkungskraft haben, dann haben sie dieselbe zur Ehre Gottes.« Seine amtlichen Pflichten und seine Neigung und Begabung haben seine künstlerische Kraft dem Chorgesang zugeführt. Der Gemeinde wollte er mit seiner Kunst und mit seinem Chor dienen. 122 Choralmelodien hat er erfunden, darunter 21 zu Versen Paul Gerhardts, und hat sie mit Vokal- und Instrumentalsätzen versehen. Diese Melodien sind wärmer, unmittelbarer und inniger empfunden als die Weisen des Reformationsjahrhunderts, stehen ihnen aber in der festen Gläubigkeit und glaubenskräftigen Aussage kaum nach. Johann Crüger gilt als der bedeutendste Melodienschöpfer nächst Luther. Seine freundschaftliche Verbindung mit Paul Gerhardt, die in seinen letzten Lebensjahren durch ein amtliches Zusammenwirken an Sankt Nikolai in Berlin gekrönt wurde, war für den evangelischen Kirchengesang ungemein fruchtbar.

Johann Crügers Hauptverdienst aber ist die Herausgabe eines Liederbuches, durch das er zum Gesangbuchvater Berlins geworden ist. Offenbar hat die Nähe Wittenbergs, Leipzigs und Magdeburgs in Berlin lange Zeit keinen eigenen Gesangbuchverlag aufkommen lassen. Während in Nürnberg, Breslau und Zwickau schon 1525, in Königsberg 1527 und dann Jahr für Jahr in den Vororten der Reformation Gesangbücher erschienen, blieb Berlin bis in den Dreißigjährigen Krieg hinein ohne eigenes Gesangbuch. Erst 1640 erschien das »Neue vollkömmliche Gesangbuch Augsburgischer Konfession« mit 248 Liedern, herausgegeben von Johann Crüger. Es wurde so gut verkauft, daß sich der Herausgeber zu einer Neubearbeitung entschließen mußte und dabei dem Buch einen neuen Titel gab, der das Heraufkommen des Pietismus erkennen ließ: das Buch heißt jetzt *»Praxis pietatis melica«* das heißt »Übung in der Gottseligkeit in christlichen und trostreichen Gesängen« mit dem Zusatz: »Zur Beförderung des sowohl Kirchen- als auch Privatgottesdienstes.«

In der Auflage von 1648 hat Johann Crüger achtzehn Gedichte Paul Gerhardts aufgenommen und mit Weisen versehen. Diese Lieder stellen den bedeutsamen geistlichen Ertrag der ersten Berliner Zeit Paul Gerhardts dar. Mit ihnen hat der Dichter den Erweis seiner Berufung erbracht; denn unter diesen Liedern finden sich Kostbarkeiten, deren wir uns noch heute erfreuen und die nichts von ihrer Taufrische verloren haben:

»Wach auf, mein Herz, und singe dem Schöpfer aller Dinge«

»Nun ruhen alle Wälder, Vieh, Menschen, Städt und Felder«
»Ein Lämmlein geht und trägt die Schuld der Welt«
»O Welt, sieh hier dein Leben am Stamm des Kreuzes schweben«
»Auf, auf, mein Herz, mit Freuden nimm wahr, was heut geschicht«
»O du allersüßte Freude, o du allerschönstes Licht«
»Nun danket all und bringet Ehr, ihr Menschen in der Welt«

Die fünfte Auflage des Crügerschen Gesangbuches von 1653 enthält 498 Lieder, darunter 81 von Paul Gerhardt. Im Vorwort berichtet der Herausgeber, sein Liederbuch sei nicht nur in kurfürstlichen Landen und Städten, sondern auch an fernen Orten hoch beliebt worden, so daß es innerhalb kurzer Zeit viermal hätte aufgelegt werden müssen, und er habe sich dadurch veranlaßt gesehen, das Gesangbuch vorzunehmen, zu revidieren und über die vorigen Auflagen hinaus mit auserlesenen trostreichen Gesängen und vielen neuen, meist von ihm selbst aufgesetzten Melodien und dem dazugehörigen Generalbaß zum nützlichen Gebrauch und Übung der Gottseligkeit zu verbessern und zu vermehren.

Crügers Gesangbuch war für die Gemeinde bestimmt und hat den Liedern von Johann Heermann, Bartholomäus Ringwaldt, Johann Rist, Johann Franck, Michael Schirmer und vor allem Paul Gerhardt, in späteren Ausgaben auch den Liedern Schefflers und Arnolds und der halleschen Pietisten den Weg in den Gemeindegottesdienst gebahnt. Die neunzehnte Auflage vom Jahr 1702 erschien mit einem Vorwort Philipp Jakob Speners und kann als ein frühes pietistisches Gesangbuch bezeichnet werden. Bis zum Jahr 1736 waren vierundvierzig Auflagen erschienen, und der Liederbestand war um diese Zeit auf 1316 angewachsen. Man kann es getrost als ein Lexikon der bis dahin erschienenen und einigermaßen bedeutsamen Lieder der Kirche bezeichnen.

Das Kantorenhaus von Sankt Nikolai blieb von den Wirren des großen Krieges, von Brandschatzungen und Überfällen, von Hungers- und Seuchennöten nicht verschont. 1636 verlor Crüger seine erste Ehefrau, und auch alle Kinder dieser Ehe raffte der Tod hin. Er selbst erkrankte schwer, so daß man an seinem Aufkommen zweifelte und ihn schon totsagte. Seine Schaffenskraft blieb durch manches Jahr gelähmt, und sein Gemüt war von finstern Schatten umlagert. Er heiratete ein zweitesmal; aber von den zahlreichen Kindern der zweiten Ehe überlebten ihn nur wenige. Die Ernennung des stillen und allzu demütigen Mannes zum Domkapellmeister wurde von Neidern hintertrieben.

Im Evangelischen Kirchengesangbuch finden sich zwanzig Weisen, die Johann Crüger erfunden oder bearbeitet hat. Sie seien hier aufgeführt:

»Wie soll ich dich empfangen«
»Fröhlich soll mein Herze springen«
»Auf, auf, mein Herz, mit Freuden«
»Zeuch ein zu deinen Toren«
»Schmücke dich, o liebe Seele«
»Nun danket alle Gott«
»Jesu, meine Freude«
»Schwing dich auf zu deinem Gott«
»O wie selig seid ihr doch, ihr Frommen«
»Lobet den Herren«
»Lobet den Herrn und dankt ihm«
»Wir Christenleut habn jetzund Freud«
»Herzliebster Jesu«
»Lob Gott getrost mit Singen«
»Nun laßt uns Gott dem Herren«
»Ich singe dir mit Herz und Mund«
»Sei Lob und Ehr dem höchsten Gut«

»O Ewigkeit, du Donnerwort«
»Dank sei Gott in der Höhe«
»Ach wie flüchtig, ach wie nichtig«

Johann Crüger ist einer der bedeutendsten Melodienschöpfer der evangelischen Kirche und der melodienreichste Komponist im Kirchengesangbuch.

MITTENWALDE 1651–1657

Im Sommer 1651 wandte sich der Magistrat von Mittenwalde, einem Landstädtchen, etwa zwanzig Kilometer südlich von Berlin gelegen, an das geistliche Ministerium in der Hauptstadt mit dem Ersuchen, ihm für die vakant gewordene Propststelle einen geeigneten und tüchtigen Mann zu benennen, der an der Kirche Sankt Moritz das Predigtamt wahrnehmen und über die nächstliegenden Pfarreien als Kirchspielinspektor die Aufsicht führen könnte.

In dem geistlichen Ministerium saß neben andern auch der Magister Fromm, der Schwiegersohn des Kammergerichtsadvokaten Andreas Berthold, in dessen Haus Paul Gerhardt aus und ein ging. Kein Wunder, daß sich die gelehrten Herren sehr schnell auf den Kandidaten Paulus Gerhardtius einigten, der in Berlin in gutem Ruf und Ansehen stand und dem sie zugleich für seine stets willfährig geleisteten Aushilfsdienste im Predigtamt zu Dank verpflichtet sein mochten. Also schrieben sie in ihrem geschraubten Kanzleistil nach Mittenwalde: »Wir sind zu Rate gegangen und schlagen – ohne daß wir ihn ins Vertrauen gezogen hätten – den ehrenfesten, vorachtbaren und wohlgelahrten Herrn Paulum Gerhardt, sanctae Sacrae Theologiae Candidatum, der sich bei uns allhier in des kurfürstlich Brandenburgischen Kammergerichtsadvokaten, Herrn Andreas Bertholds Haus befindet, zu solchem Amt vor in der Versicherung, daß wir in diesem wohlgemeinten Vorschlag der christlichen Gemeinde eine solche Person vorhalten, deren Fleiß bekannt, die eines guten Geistes und ungefälschter Lehren, dabei auch eines ehr- und friedliebenden Gemütes und christlich untadeligen Lebens ist, daher er auch bei Hohen und Niedrigen unseres Ortes lieb und wert gehalten und von uns alle Zeit das Zeugnis erhalten wird, daß er auf unser freundliches Ansinnen zu vielen Malen mit seinen von Gott empfangenen werten Gaben um unsere Kirche sich beliebt und wohl verdient gemacht hat.«

Es ist bemerkenswert, daß die Herren des geistlichen Ministeriums Paul Gerhardt nicht davon in Kenntnis gesetzt haben, daß sie ihn zum Propst von Mittenwalde vorschlugen. Sie befürchteten wohl, er werde in seiner Bescheidenheit abwehren oder sich gar widersetzen; man kannte diese seine Haltung und ehrte sie. Um so nachdrücklicher aber hoben sie seine guten Eigenschaften hervor: ein fleißiger und wissenschaftlich auf der Höhe stehender Theologe, im Luthertum wurzelnd, friedfertig und von untadeligem Lebenswandel, ein Mann von aufrichtigem Charakter und fester Überzeugung, allen Ständen unvoreingenommen begegnend, still seinen geraden Weg gehend. Von einem solchen Mann durften die Mittenwalder das Beste erhoffen. Sie wählten Paul Gerhardt zu ihrem Propst.

Der Erwählte mußte sich nun einer Amtsprüfung unterziehen, ehe er ordiniert werden konnte. Die Pröpste von Berlin und Cölln (die beiden Städte waren damals noch getrennt) bestellten den Kandidaten in die Bibliothek von Sankt Nikolai und werden ihn nicht sehr mit ihren Fragen bedrängt haben; denn sie kannten ihn zur Genüge. Aber in dem verborgenen kirchlichen Raum konnten sie – entgegen den kurfürstlichen Anordnungen – den Kandidaten auf die Lutherischen Bekenntnisschriften verpflichten.

Paul Gerhardt unterschrieb – und zwar freudigen Herzens und in redlicher Überzeugung – die lateinisch abgefaßte Verpflichtungsformel: »Im Namen der Heiligen Dreifaltigkeit! Die Lehre des Evangeliums, wie sie in dem Augsburgischen Bekenntnis in dessen erster und unveränderter Form, ebenso in der Apologia, in den Schmalkaldischen Artikeln, in den beiden Katechismen Luthers, endlich in der Konkordienformel enthalten ist und auf den geoffenbarten und zuverlässigen Grundlagen der prophetischen und apostolischen heiligen Schrift beruht, ist mein Bekenntnis. Ich werde, so Gott Gnade gibt, in diesem Bekenntnis bis an mein Lebensende beständig verharren. Das bekenne und verspreche ich.«

Die Unterzeichnung geschah am Tag seiner Ordination, dem 18. November 1651. Diese Stunde mit ihrem heiligen Ernst hat dem Mann, der so lange auf sein erstes Amt hatte warten müssen, die unerschütterliche Standhaftigkeit verliehen, die ihn für uns ehrwürdig macht. Kurz vor Weihnachten trat er sein Amt an.

Warum erst jetzt, und warum so spät? Noch einmal erhebt sich diese Frage. Für eine sichere Beantwortung fehlen die nötigen Unterlagen. Aber die Frage wird zu einem Teil beantwortet, wenn man die Zeitumstände mit in Betracht zieht. Viele Pfarren waren unbesetzbar, weil Kirche und Pfarrhaus zerstört, die Gemeinden ausgestorben oder zerstreut waren. Wo aber ein Diener Gottes in dem Elend aushielt, da mußte er am Hungertuch nagen. Die Einkünfte hatten in den meist selbst zu bewirtschaftenden Pfarrhufen gelegen, in Lieferungen an Holz, Getreide und andern Naturalien und in der Wohnung. Diese Quellen waren in den Kriegsjahren fast ganz versiegt. Bareinkünfte gab es allenfalls in den Städten; sie wurden auf jährlich hundert Gulden geschätzt. Nahmen die Kaiserlichen einen Ort in Besitz, wurde zuerst das Pfarrhaus geplündert und die Pfarrfamilie verjagt; in den letzten zehn Kriegsjahren verfuhren die Schweden ähnlich. In einem Bericht des kurfürstlichen Konsistoriums aus dem Jahr 1640 heißt es: »Aus solchem Totalruin und Verderb, wie es der Krieg herbeiführt, entspringt zuvorderst dieses Unheil, daß bei so gänzlicher Verwüstung der Städte und Dörfer fast keine Mittel mehr vorhanden sind, das Predigtamt im Lande ferner zu erhalten und mit Notdurft zu versehen. Weil die Bebauung der Äcker wegen der unerhörten Vergewaltigungen der Soldaten ganz darniederliegt und davon nichts erhoben werden kann, fehlen alle Mittel: woraus folgt, daß der größte Teil der Prediger vor Hunger fast verschmachten muß, daß sie ihre Gemeinden verlassen, was anderes anfangen und endlich wohl gar zum Land hinauslaufen müssen, dadurch dann ihre Pfarrkinder keinen vernünftigen Unterricht von Gott und seinem Wort mehr haben können und gleichsam wieder in ein Heidentum verfallen, woraus dann ferner nichts anders folgen kann als ihr zeitliches und ewiges Verderben.«

Es hat in jenen Jahren manche überalterte Kandidaten der Theologie gegeben, die bis ins vierte Jahrzehnt ihres Lebens auf die Beförderung in ein Amt warten mußten. Dennoch ist kaum anzunehmen, daß auch Paul Gerhardt genötigt gewesen wäre, bis in sein vierundvierzigstes Lebensjahr brachzuliegen, wenn er sich ernstlich um ein Amt bemüht hätte. Das Zeugnis, das ihm für Mittenwalde ausgestellt wurde, spricht dagegen, ebenso die Tatsache, daß seine gleichaltrigen Schulkameraden, soweit sie Theologen geworden waren, seit den dreißiger Jahren sächsische Pfarren innehatten. Vielleicht hat er aus persönlichen Gründen von Bewerbungen abgesehen und wollte zuwarten, ob sich ihm nicht in Berlin oder in nächster Nähe eine Tür ins Pfarramt auftue, wie es nun ohne sein Zutun geschah.

Es waren keine großartigen Dinge, die auf den neuernannten Propst in Mittenwalde warteten; er trat keine fette Pfründe an, sondern ein schweres Amt und begab sich in armselige Verhältnisse.

Mittenwalde war ein Ackerstädtchen, von Mauer, Wall und doppeltem Graben umzogen, die aber in dem großen Krieg keinen Schutz mehr gewährt hatten. Seit 1627 waren fast ununterbrochen fremde Kriegsvölker in der Gegend gelegen, bald schwedische, bald kaiserliche, und hatten das Land ausgesogen nach dem Wort Wallensteins: »Der Krieg muß den Krieg ernähren.« Die Dörfer lagen verödet, die Felder waren zerstampft und verwildert, die Bewohner geflohen. Am 10. Mai 1637 – es war der Dienstag nach Kantate – waren um Mitternacht die Schweden ins Städtchen eingedrungen und hatten die Leute durch Mißhandlungen gezwungen, ihre letzten Habseligkeiten herauszugeben. Auch die Kirche wurde geplündert. Propst Gallus Luther, der die Abendmahlsgeräte bergen wollte, wurde vor dem Altar vom Pistol eines Reiters niedergestreckt. Zwanzig Tage später hielt ein kaiserlicher Haufe die Nachlese. Nach einem Bericht des Rates aus dem Jahr 1641 war die Zahl der Feuerstellen im Städtchen von ursprünglich 245 auf 24 zurückgegangen, und von den rund eintausend Einwohnern waren noch 250 übriggeblieben. Eine Feuersbrunst hatte von den hundert Häusern noch 23 übriggelassen.

An diese von Grund auf erschütterte Gemeinde sah sich Paul Gerhardt gewiesen. Zwar war das Städtchen im letzten Jahrzehnt wieder notdürftig aufgebaut worden, und die Bevölkerung hatte sich wieder gesammelt; sie mag zu Paul Gerhardts Zeit siebenhundert Seelen betragen haben. Die Blutzeiten waren vorüber; die Hungerzeit begann erst. Nur langsam erholte sich das Land. Noch fehlte es an Bauern, die dem Boden das Brot abrangen. Wie sollten sie den Zehnten liefern, wenn sie selber kaum Brot für ihre Kinder hatten, und wie sollten sie die Pfarräcker bestellen, wenn ihnen selbst die Zugtiere fehlten? Die aus dem dreizehnten Jahrhundert stammende und dem heiligen Moritz geweihte dreischiffige gotische Hallenkirche stand unversehrt, aber um die Propstei scheint es schlecht bestellt gewesen zu sein. Wie anders soll man sich die ungewöhnliche Tatsache erklären, daß der Propst, der doch nicht mehr der Jüngste war, die Gründung eines eigenen Hausstandes noch drei Jahre hinausschob, wiewohl er mit seiner Braut Anna Maria aus dem Bertholdschen Haus in Berlin längst einig geworden war?

Erst am 11. Februar, dem Sonntag Septuagesimä des Jahres 1655, fand die Hochzeit statt. Der Propst zählte 48, Anna Maria 32 Jahre.

Nicht nur Rosen und Violen – wie Paul Gerhardt einmal gesungen hatte – waren dem jungen Paar beschieden. Die Sorge um das tägliche Brot blieb ihnen nicht fremd. Eine alte Geschichte berichtet von Tagen, in denen kein Stäublein Mehl im Haus und keine Brotrinde mehr im Kasten gewesen sei, so daß die Pröpstin schweren Herzens zu ihrem Gatten mit der Bitte kam: »Gib mir einen Kreuzer, daß ich das Allernötigste kaufen kann; ich weiß dir sonst den Tisch nicht zu decken.« Aber auch der Propst fand keinen Kreuzer bei sich, doch soll er zu seiner Frau gesagt haben: »Ich will dir eine Speise besorgen, die nicht vergeht«, schloß sich zwei oder drei Stunden ein und las ihr dann das Lied vor:

Befiehl du deine Wege
und was dein Herze kränkt
der allertreusten Pflege
des, der den Himmel lenkt.

Allzu schnell fiel ein schwerer Schatten über das bescheidene Glück der Eheleute. Eine Gedenktafel unter dem Orgelchor in der Moritzkirche, in Holz geschnitten, gibt Kunde davon, daß »Maria Elisabeth, Pauli Gerhardts damaligen Propstes allhier zu Mittenwalde und Annae Mariae Bertholdin erstgeborenes herzliebes Töchterlein, so zur Welt gekommen am 19. Mai 1656 und wieder abgeschieden am 14. Januarii 1657, hat allhier ihr Ruhebettlein und dieses Täfelein zum Gedächtnis von ihren lieben Eltern. «Als zwei Jahre später die Tochter des Diakons Heintzelmann starb, hat Paul Gerhardt ein Leichencarmen gedichtet, in dem eine Strophe Kunde gibt, daß er das erfahrene Leid nicht vergessen hatte:

Ach, es ist ein bittres Leiden
und ein rechter Myrrhentrank,
sich von seinen Kindern scheiden
durch den schweren Todesgang.
Hier geschieht ein Herzensbrechen,
das kein Mund recht kann aussprechen.

Amtlich bezeichnete sich Paul Gerhardt in den Mittenwalder Jahren Ecclesiae Mittenwaldensis *praepositus et Vicinarum Inspector,* zu deutsch: Vorsteher der Gemeinde Mittenwalde und Inspektor der umliegenden Pfarreien.

Die Inspektoren waren nach der Kirchenordnung von 1573 zur Entlastung der Superintendenten in den wichtigeren Städten eingesetzt und sollten über die zunächst liegenden Dörfer und Flecken die kirchliche Aufsicht führen. Deshalb war ihnen aufgegeben, »daß sie alle Jahre ungefähr zwischen Pfingsten und Johannistag alle Pfarrer, Kirchendiener und Schulmeister in ihrem Bereich visitieren oder an andere gelegene Orte zu sich bescheiden und sie examinieren sollten, auch hören, was sie hätten anzuzeigen von der Lehre, von ihren Pfarrkindern, von Sitten und Mängeln der benachbarten Pfarrer und sonst von ihrer Unterhaltung und Schutz.« Doch waren diese Ordnungen durch den Krieg aus dem Geleise geraten, und es fehlen uns alle Anhaltspunkte darüber, wie Gerhardt sein Aufsichtsamt ausüben konnte, dem die Pfarreien Schenkendorf, Gräbendorf, Miersdorf, Ragow und Zossen unterstellt waren. Nur ein Ereignis, an dem er als Inspektor teilgenommen hat, ist uns überliefert, die Einweihung der Kapelle in Gallun am ersten Trinitatissonntag 1650.

Der langanhaltende Kriegsjammer hatte zahlreichen lutherischen Pfarrern die Augen geöffnet für die neuen Aufgaben ihres Amtes und Berufes. Es genügte nicht mehr, daß sie sich als die amtlichen Hüter und Pfleger der Gnadenmittel und der kirchlichen Ordnung empfanden. Es war nicht mehr damit getan, daß man das kirchliche Leben und Wesen einigermaßen in Gang hielt. Man mußte den Menschen näher auf den Leib rücken, wollte man den bekümmerten Seelen helfen und den Sauerteig des Evangeliums ins tägliche armselige Leben mengen. Viele Pfarrhäuser in Stadt und Land, die dem Raubüberfall der Feinde immer am ersten und stärksten ausgesetzt gewesen waren, wurden jetzt Mittelpunkte, um die sich das geistliche und bürgerliche Leben der Gemeinden wieder emporrankte, Brunnenstuben des Trostes und der Hoffnung. Viele Pfarrer, von denen wir wenig wissen, haben damals eine stille und große Arbeit getan zur Wiederaufrichtung des zusammengebrochenen Volkstums und der erschütterten evangelischen Gemeinde.

Auch Paul Gerhardt fand in den notvollen und bedrückenden Verhältnissen seiner Gemeinde reichlich Gelegenheit, kummervolle Seelen zu trösten und Leidgeprüfte aufzurichten.

Wie er das getan hat, davon geben die Lieder Zeugnis, die in diesen Jahren entstanden sind. Sie sind aus seelsorgerlicher Liebe entsprungen und bekunden ein feines seelsorgerliches Verständnis. Mit ihnen hat er nicht nur in seiner Gemeinde, sondern am ganzen deutschen evangelischen Volk eine tief- und weitreichende Seelsorge ausgeübt und nimmt sie auch noch heute wahr, um so mehr, als seine Lieder inzwischen auch den katholischen Christen deutscher Zunge bekannt und lieb geworden sind.

Am reichsten entfaltete sich seine Dichtergabe in den ersten Amtsjahren in Mittenwalde. 1652 erschien die fünfte Auflage des Crügerschen Gesangbuches *»Praxis pietatis* *melica«* und brachte 498 Lieder, darunter 63 Gesänge von Paul Gerhardt, die hier zum erstenmal im Druck erschienen. Darunter befanden sich:

»Wie soll ich dich empfangen und wie begegn ich dir?«
»Wir singen dir, Immanuel, du Lebensfürst und Gnadenquell«
»Fröhlich soll mein Herze springen«
»Ich steh an deiner Krippe hier, o Jesu, du mein Leben«
»Nun laßt uns gehn und treten mit Singen und mit Beten«
»Zeuch ein zu deinen Toren«
»Herr, der du vormals hast dein Land mit Gnaden angeblicket«
»Du, meine Seele, singe«
»Befiehl du deine Wege«
»Ich weiß, mein Gott, daß all mein Tun«
»Schwing dich auf zu deinem Gott, du betrübte Seele«
»Ist Gott für mich, so trete gleich alles wider mich«
»Sei mir tausendmal gegrüßet«
»Ich singe dir mit Herz und Mund«
»Sollt ich meinem Gott nicht singen?«
»Gott Lob, nun ist erschollen das edle Fried- und Freudenwort«

In der sechsten Auflage des Gesangbuches von Johann Crüger erschien das Lied, das sich am stärksten mit dem Namen des Dichters verbunden hat: »O Haupt voll Blut und Wunden.« Paul Gerhardt hatte dieses »Haupt voll Blut und Wunden« im Schweißtuchbild der Veronika beständig vor Augen, sooft er die Stufen des Altars hinaufschritt, und das Schicksal, das auf diesem Weg sein Vorgänger erlitten hatte, mochte ihn an das eigene Sterben mahnen. Vielleicht haben dieses Gedächtnis und diese Mahnung dem Dichter den Anstoß gegeben zu den beiden Scheideversen, mit denen das berühmte Lied schließt und die der Christenheit so teuer geworden sind.

BERLIN 1657–1669

Fünf friedliche Amtsjahre 1657–1662

Ende Mai 1657 überbrachte der Berliner Ratsverwandte und Kämmerer Martin Richter dem Mittenwalder Propst ein Schreiben des Rates, aus dem hervorging, er, der Propst, sei einstimmig zum Diakon (Pfarrer) an Sankt Nikolai gewählt worden. Der Rat hatte sich bei der Wahl wohl von der Überlegung leiten lassen, Paul Gerhardt habe sein Amt in Mittenwalde mit aller Treue, Hingabe und Umsicht wahrgenommen und sich als Dichter frommer Lieder von großer Schönheit einen Namen gemacht, so daß man mit ihm einen Mann gewinne, auf den in friedlichen Aufbauzeiten wie im Streit um das Bekenntnis, den man vielleicht schon heraufziehen sah, Verlaß sei.

Paul Gerhardt ging acht Tage lang gewissenhaft mit sich zu Rate, dann schrieb er am 4. Juni an den Rat von Berlin: »Nach fleißiger Anrufung des Namens Gottes und nach reiflicher Erwägung der auf mich gefallenen einstimmigen Wahl bin ich der Überzeugung, der liebe Gott habe mit diesem Werk seine sonderbare Schickung und Regierung, so daß ich diesem großen und allgewaltigen Herrn nicht widerstreben dürfe.« Er nehme diesen Ruf an »in der christlichen Hoffnung und Zuversicht, daß fromme Herzen mit fleißigem Gebet ihm zu Hilfe kämen und daß durch ein so geringes Werkzeug, als welches er sich fühle, die Gemeinde Gottes wohl gebaut werden möge.« Im Juli 1657 trat er seinen Dienst in Berlin an.

Die Nikolaikirche, an die er berufen war, ein gotischer Granitbau in Hallenform, der mit den Grundmauern des Turmes in die erste Hälfte des 13. Jahrhunderts zurückreichte, war die Hauptkirche Berlins. Die zwischen den Strebepfeilern des Chores eingebauten Grabkapellen der Patrizierfamilien und die an den Säulen aufgehängten Bilder und Gedächtnistafeln gaben mit dem durch Farbfenster gebrochenen Licht dem Innern ein sehr altertümliches Gepräge, in dem die vergangenen Geschlechter mit den Lebenden zu Mitfeiernden wurden. 1944 ist die Kirche ausgebombt worden; nur die Umfassungsmauern sind stehengelieben.

Die Einkünfte des Pfarrers waren so bemessen, daß er von wirtschaftlicher Sorge befreit war und seine ganze Kraft dem geistlichen Amt widmen konnte. Fast täglich wurde in St. Nicolai ein Gottesdienst gehalten; der häuslichen Erbauung dienten Gesang- und Andachtsbücher. Aber noch gab es keine geordnete Unterweisung der Jugend im christlichen Glauben. Da die Katechismusgottesdienste, in denen die Besucher abgefragt wurden, in Berlin schlecht besucht waren, hatten die Pfarrer alle Gläubigen, die zum erstenmal zur Beichte kamen, auf ihre Glaubenserkenntnis zu prüfen, gemäß einer Anweisung vom 18. Oktober 1660: »Hiermit sind die Pfarrer anzumahnen, ihre Beichtkinder ohne Unterschied – wenn sie nicht schon zuvor wissen, daß sie wohl unterrichtet sind – zu erforschen, ob sie so viel von der christlichen Lehre verstehen, daß sie sich in der Buße, im Glauben und im guten Vorsatz recht prüfen können. Um allen Versäumnissen zuvorzukommen, sollen die Kinder, Mägde, Handwerksgesellen und alle andern ohne Unterschied, wenn sie in einer Gemeinde zum erstenmal zum Beichtstuhl kommen – sie mögen Fremde oder Einheimische sein –, sich vorher bei den Beichtvätern melden und sich examinieren lassen.« Die Reformierten warfen den lutherischen Pfarrern vor, sie sähen bei der Beichte durch die Finger und ließen die Erstkommunikanten allzu schnell und billig laufen. Paul Gerhardt verwahrte sich gegen diesen Vorwurf und schrieb am 16. März 1663: »Wir wissen Gott Lob viele unter uns, die vorher, ehe sie zum erstenmal zur Beichte kommen, sich in unsern Häusern einstellen und, sowohl hohen als mittleren und niedrigen Standes, sich aus dem Katechismus examinieren lassen. So aber bei etlichen solches nicht geschehen oder jetzt nicht geschieht, sind die Eltern und Herren Ursache, daß sie uns solche neuen Kommunikanten nicht melden und zuschicken. Nichtsdestoweniger sind dennoch wir Prediger so unachtsam nicht, daß, wo wir einen solchen Erstling erkennen, wir ihn nicht vorher im Beichtstuhl examinieren und in dem, was er nicht weiß, ihn unterrichten sollten.«

Um Gewissen und Amt 1662–1666

Am 18. Dezember 1613 hatte der Kurfürst Johann Sigismund von Brandenburg in der »blanken Stube« seines Schlosses den versammelten lutherischen Theologen öffentlich erklären lassen, daß er vom lutherischen zum reformierten Bekenntnis übertrete. Von Stund an ging ein tiefer Riß durch das Land, denn die beiden Bekenntnisse galten als zwei verschiedene Religionen, und nur für eine war nach der Auffassung der Zeit in einem Staat Raum. Auch hatte das reformierte Bekenntnis seinen Schwerpunkt im Westen außerhalb der deutschen Grenzen, und ausländische Sitte, Bildung und Politik standen mit ihm im Bund. War da nicht Vorsicht, Mißtrauen, Widerstand geboten?

Doch in einem Punkt unterschied sich der Glaubenswechsel des Kurfürsten von Brandenburg von dem fast aller Landesfürsten, die den gleichen Schritt vollzogen. Johann Sigismund hatte erklären lassen: »Obwohl Seine Kurfürstlichen Gnaden zwar in ihrem Herzen und Gewissen genugsam gesichert sind, daß solches Bekenntnis Gottes Wort gemäß und aufrichtig sei, auch nichts Lieberes erleben und wünschen möchten, als daß Gott der Herr aus lauter Gnade und Barmherzigkeit derselben getreue Untertanen mit dem Licht der unfehlbaren Wahrheit beseligen und erleuchten wolle – jedoch weil der Glaube nicht jedermanns Ding sei, sondern ein Werk und Geschenk

Gottes, und es niemand zugelassen sei, über die Gewissen zu herrschen, welches allein dem Herzenskündiger zusteht: so wollen S. Kurf. Gnaden auch zu diesem Bekenntnis keinen Untertanen öffentlich oder heimlich wider seinen Willen zwingen . . .« Damit war in religiöser Form zum erstenmal der Grundsatz der Glaubens- und Gewissensfreiheit dem lutherischen Volk gegenüber ausgesprochen, und das ist das Großartige an dieser fürstlichen Erklärung. Indessen: manch ein Beamter, dem es um seine Karriere ging, ließ sich allzubald und willig »vom Licht der unfehlbaren Wahrheit erleuchten und beseligen«. Schlimmer noch war es, daß der Kurfürst trotz seines Glaubenswechsels entgegen dem lutherischen Kirchenrecht sein Aufsichts- und Hoheitsrecht über die lutherische Kirche ungeschmälert beibehielt und ausübte. Dadurch wurde der Streit zwischen beiden Parteien aufs neue geschürt, obgleich sich der Fürst um Frieden bemühte und in einem Edikt das Lästern und Schimpfen auf andere Glaubensüberzeugungen bei Strafe bis zur Entfernung aus dem Amt verbot. Gottes Wort sollte nach den altkirchlichen Bekenntnissen und nach der Augustana von 1535 verkündet werden. »Die unzeitigen Eiferer und Zeloten aber sollen sich außerhalb des Kurfürstentums niederlassen.«

Einmal schien es wirklich, als könnten sich Lutheraner und Calvinisten miteinander vertragen und aussöhnen. Das war auf dem Religionsgespräch in Thorn im Jahr 1645. Die Einigung oder wenigstens Annäherung der verschiedenen Kirchen war sein ausgesprochener Zweck. Georg Calixtus, der lutherische Theologe von der Universität Helmstedt, durch ein halbes Jahrhundert hindurch Förderer einer melanchthonischen, friedenstiftenden Theologie, brannte voller Sehnsucht darauf, hier vor seinem Tode doch noch seine Kirchenfriedensgedanken zur Auswirkung zu bringen. Doch die meisten Lutheraner begegneten ihm mit Mißtrauen, und nachdem er es gewagt hatte, gemeinsam mit dem reformierten Hofprediger Bergius von Berlin in Thorn aufzutreten, sagten ihm einige förmlich die Gemeinschaft auf und hängten ihm den Schimpfnamen des Synkretisten an, der fortan eine üble Rolle in den kirchlichen Auseinandersetzungen spielte.

Dieser Name kommt einen weiten Weg gegangen. Ein alter griechischer Geschichtsschreiber berichtet, die Bewohner Kretas (Kretisten) hätten fast ständig harte Fehden unter sich ausgetragen, sobald aber ein Feind von auswärts erschienen sei, hätten sie wie Brüder zusammengestanden. Ein durchaus lobenswertes Verhalten. In der Sicht der lutherischen Theologen aber waren Synkretisten alle, die Frieden riefen, wo kein Friede war, die die Gegensätze verkleistern wollten, wo es offen zu bekennen galt, die aus politischer Überlegung Wahrheit und Gewissen verrieten. Noch in seinem Testament hat Paul Gerhardt seinem Sohn die Mahnung hinterlassen: »Hüte dich vor den Synkretisten; sie suchen das Zeitliche und sind weder Gott noch den Menschen treu.« Dem Calixtus verzieh man nicht, daß er bereit war, die Reformierten noch mehr als die Katholiken als Mitchristen anzunehmen, weil sie den Hauptfundamenten des Glaubens zustimmten. Man befolgte seinen Rat nicht, sich vordringlich auf das gemeinsame Glaubensgut zu besinnen, sondern stritt über das Unentscheidbare, ob etwas und wie viel von der Trinitätslehre schon im Alten Testament erkennbar sei – oder ob seine Ausdrücke über die tätigen Früchte des Glaubens ins Neue Testament übernommen seien. So mußte die große Hoffnung rasch zerflattern.

In Hessen-Kassel aber hatte die Friedensbewegung einen beachtlichen Sieg davongetragen. Theologen der reformierten Universität Marburg und Vertreter des lutherischen Bekenntnisses von der Universität Rinteln waren in Kassel zusammengekommen, um über die Lehrunterschiede zu diskutieren. Sie vermochten sie nicht auszuräumen, sondern mußten sie stehenlassen; doch erklärten sie, diese Lehrunterschiede seien nicht so tiefgreifend, als daß man nicht im Frieden miteinander leben könnte, und an ihnen hänge die Seligkeit nicht. Das darf für jene tiefbewegte Zeit als eine große Tat bezeichnet werden. In der Freude über diese Einigung baten die Versöhnten den Fürsten, er möge ihr Friedenswerk fördern, und begründeten ihre Hoffnung, daß auch die Nachbarländer, vor allem Brandenburg und Sachsen, dem Verständigungswerk beitreten könnten.

In Brandenburg regierte, als Paul Gerhardt nach Berlin berufen wurde, Friedrich Wilhelm, der Große Kurfürst. Er trachtete danach, seine weitverstreuten Lande vom ehemaligen Ordensland Preußen im Osten bis Jülich, Berg und Cleve am Niederrhein zu einem einheitlichen und geschlossenen Staat zusammenzufassen und seine verschiedenen Stämmen und Konfessionen angehörenden Untertanen zu einem einheitlichen Staatsvolk zu erziehen. Da kam ihm der Einigungsruf von Kassel sehr gelegen; denn eine Voraussetzung des erwünschten Zusammenschlusses seiner Länder und Untertanen war auch die gegenseitige Duldung der verschiedenen Bekenntnisse.

Am 21. August 1662 erging ein Edikt an alle Stände, das besagte: Die landesfürstliche Sorgfalt des Kurfürsten sei vornehmlich dahin gerichtet, wie aller unzeitige Haß und alle unchristliche Verbitterung eingestellt und der so hochnötige kirchliche Friede oder, bis dieser erlangt sei, eine christliche Toleranz und evangelische Bescheidenheit mit besserem Eifer gesucht und befördert werden könne. Weil aber »das unzeitige Verdammen und Andichten, Verlästern und Verleumden auf der benachbarten Universität Wittenberg nicht nachgelassen, sondern die übermäßige, vergällte Bitterkeit auch noch dahin ausgebrochen ist, daß unsere reformierte Religion und deren Bekenner zu höchst beleidigt und einem Reformierten in eines lutherischen Herren Land und Gebiet das bloße Wohnrecht abgeschnitten und versagt wird und unsere Untertanen zu Ungehorsam und Widersetzlichkeit gegen uns aufgewiegelt werden, ordnen wir aus landesherrlicher Macht, Hoheit und Gewalt, auch aus höchster Notwendigkeit an, daß keiner der Untertanen künftig einen der Seinen in Wittenberg Theologie oder Philosophie studieren lasse.«

Hier wird zum erstenmal der Begriff der Toleranz in die Amtssprache eingeführt und auf das verträgliche interkonfessionelle Beisammenwohnen der Untertanen in staatsrechtlicher Hinsicht bezogen. Daß damit nicht nur eine harte politische Notwendigkeit gefordert, sondern auch eine hohe sittliche Aufgabe gestellt war, haben beide Parteien in dem damaligen Kampfgewühl nicht erkannt; sie wurde den Lutheranern dadurch, daß der Kurfürst das reformierte Bekenntnis als die wahre Religion so hoch emporhob, auch nicht nähergebracht. Sie hörten aus allen amtlichen Erlassen immer nur und immer wieder den Wunsch und den Willen des Landesherrn heraus, dem reformierten Bekenntnis zum Sieg zu verhelfen.

Am gleichen Tag, an dem Friedrich Wilhelm den angehenden brandenburgischen Theologen den Besuch der Wittenberger Universität verbot, ließ er ein Religionsgespräch für lutherische und reformierte Theologen ausschreiben, auf dem die Frage geklärt werden sollte, die die Reformierten formuliert hatten: »Ob denn in den reformierten Bekenntnissen etwas gelehrt oder bejaht werde, um dessentwillen der, der es lehrt, glaubt und bejaht, nach göttlichem Recht verdammt sei.« Das war eine schlau ausgedachte, knifflige und heikle Frage. Konnte das geistliche Ministerium von Brandenburg seinen Kurfürsten seines Bekenntnisses wegen für verdammt erklären? Konnte man andererseits den Lutheranern zumuten, das reformierte Bekenntnis, wenn auch nur in verhüllter Form, anzuerkennen? Die Fragestellung war falsch; mit ihr konnte man das erstrebte Ziel nicht erreichen. Wilhelm Nelle, der Biograph Paul Gerhardts, schreibt: »Statt das beiden Gemeinsame zum Ausgangspunkt zu nehmen, wollte man sich ge-

genseitig zu einer anderen Lehrmeinung herüberziehen und das Urteil des Gegners umstimmen, während man das eigene bis auf das letzte Tüpfelchen für unantastbar erklärte. Es war ein Grundirrtum, daß man dafür hielt, die Mängel des Glaubens seien durch Mängel der Erkenntnis verschuldet. Daß Glauben und Wissen verschiedenen Gesetzen gehorchen und der erstere durch das letztere weder begründet noch umgestoßen wird, hat unter allen Theologen jener Zeit allein Calixt gesehen.« Unter diesen Umständen konnte das Gespräch nur eine zunehmende Entfremdung bewirken. Dabei hätte sich der Kurfürst mit einer Erklärung zufriedengeben können, die das geistliche Ministerium Ende 1662 abgab: »Wir wollen unverrückt bei der lutherischen Lehre bleiben, sind aber erbötig, den Reformierten alle nachbarliche und christliche Liebe und Freundschaft zu beweisen und wünschen und begehren von Herzen ihrer aller Seligkeit.« Das auf brüderliche Einträchtigkeit gerichtete Religionsgespräch, das eine höchst unbrüderliche Zwietracht bewirkte, mußte am 29. Mai 1663 ergebnislos abgebrochen werden.

Was hat das alles mit Paul Gerhardt zu tun? Er trat bei dem Religionsgespräch nicht als Sprecher auf; diese Rolle übernahm der im Diskutieren geschicktere Amtsgenosse Reinhart. Aber er erarbeitete die schriftlichen Leitsätze und Gutachten, die den Beratungen der lutherischen Theologen zugrunde gelegt wurden, er korrespondierte mit der Wittenberger theologischen Fakultät und ließ sich von ihr beraten, er stand hinter Reinhart und bestärkte ihn in seinem Widerstand. So wurde er, ein Mann, der von Haus aus allen politischen Händeln abgeneigt sein mußte, dem alle Welt bescheinigte, daß er ein beispielhaft milder und friedlicher Charakter sei, der bei Lutheranern und Reformierten in hohem Ansehen stand, im Untergrund der Widerpart des souveränen Landesfürsten. »Er geriet in den Strudel eines Problems, das im Lauf einer über tausendjährigen Geschichte die gewaltigsten Kämpen, Päpste und

Kaiser zu seiner Lösung hatte auf den Plan treten und nach ungeheuerlichen Anstrengungen hatte scheitern lassen. Es war zugleich ein politisches und religiöses Problem und um so verwickelter dadurch, daß der Vertreter der weltlichen Partei, der Kurfürst selber sein Amt im reformatorischen Sinn als ein gottesdienstliches verstand und daher, als ihm im Hinblick auf einen möglichen Erwerb der Krone Polens der Übertritt zum Katholizismus nahegelegt wurde, beides mit der Begründung ablehnte: »Wie könnte ich ihnen treu sein, da ich meinem Gott nicht treu wäre« (Kurt Ihlenfeld).

»Der Große Kurfürst war bewußt evangelischer Christ, duldsam, wo man seinen Glauben nicht angriff, und zwar nicht duldsam aus Lauheit, sondern aus einem richtigen Verständnis der Christlichkeit, wie es Luther schon aufgegangen, doch hernach verschüttet worden war, und aus einer höheren, vom Leben geschulten Einsicht. Zwar schlug er im Streit zwischen Lutherischen und Calvinischen einen falschen Weg ein, den des Schlichtenwollens durch obrigkeitlichen Zwang. Wir pflichten ihm bei, wenn er die Schmähung seines Glaubens auf lutherischen Kanzeln verbot, nicht aber, wenn er Paul Gerhardt, der sich ohnehin des Streites auf der Kanzel enthielt, obrigkeitlich zwingen wollte, sich der Meinungsäußerungen gegen die Reformierten zu enthalten. Vorbildlich war – und weit über der Haltung der meisten Theologen seiner Zeit – des Kurfürsten ehrfürchtige Scheu vor den Geheimnissen Gottes; so schrieb er einmal über die *Prädestination* (Vorherbestimmung und Gnadenwahl Gottes) an die Königin von Dänemark die denkwürdigen Worte: ›Nun gehöret keinem Untertan, in seines Herrn Geheimnissen und Ratschlägen zu forschen, noch viel weniger gehört sich, in den Ratschlägen des Höchsten, in dessen Willen und Fürsehung zu grübeln oder dahin zu steigen und die Geheimnisse zu ergründen, die er sich selbst vorbehalten hat.‹ Das war Ehrfurcht! Aber auch ein Abweichen von den streng calvinischen Anschauungen und eine Annäherung an Luther, während er in Sachen der Abendmahlslehre sich an die Lehre der Reformierten hielt und von der Fürwitzigkeit der damaligen Luthernachfolger sich abgestoßen fühlen mußte« (Otto von Taube).

Der grundsätzliche Konflikt, in den der junge Fürst mit der Kirche geriet, ist überall möglich, im heidnischen wie im christlichen Staat, und er hat sich in der Geschichte mehr als einmal wiederholt. Worum ging es in diesem brandenburgischen Streit? Darum, daß der zur reformierten Kirche gehörende absolute Fürst eines überwiegend lutherischen Landes, um von seinem jungen Staatswesen innere Erschütterungen fernzuhalten und die beiden streitenden Bekenntnisse zu einem friedlichen Miteinander zu nötigen, nach vorausgegangenen Edikten und Religionsgesprächen in einem weiteren, allen Predigern des Landes zugestellten Erlaß vom 16. September 1664 sowohl die gegenseitige Verketzerung untersagt als auch die Anwendung des *Exorzismus* in das Belieben der Pfarrer stellt und endlich zur Unterschrift eines Reverses auffordert, der, in die heutige Sprache übertragen, diesen Wortlaut hatte: »Ich will jederzeit Gott mit herzlichem Gebet um die Förderung dieser Kirchentoleranz anrufen, und ich werde alle Mittel, die zu der Kirchentoleranz vorgeschlagen werden, annehmen. In den strittigen Lehren will ich mich der äußersten Mäßigung befleißigen, die *Konkordienformel* weglassen, den *Exorzismus* mildern oder ändern und den kurfürstlichen Edikten gehorsam nachleben. So wahr mir Gott helfen will durch Jesus Christus.«

Solche schriftlichen Verpflichtungen sind immer wieder – wie im Kirchenkampf der Hitlerzeit – bei wechselndem Inhalt ein gern gebrauchtes Instrument der Staatsmacht gewesen, um den Gegner durch Ablehnung der Unterschrift ins Unrecht zu setzen. Konnten die lutherischen Prediger bei gutem Willen den Revers unterschreiben? Oder bedeutete die Ausschaltung der Konkordienformel, durch die doch die Einigung des Luthertums zustandegekommen war, und die Verpflichtung, alle Edikte des Fürsten zu befolgen, nicht einen Angriff auf die Substanz der Kirche, wie man sie damals verstand? Wie sollte jetzt noch ein gründlicher Unterricht im Bekenntnis, den man für unabdingbar hielt, möglich sein, wenn man ständig fürchten mußte, ein Wort zuviel zu sagen? Die Toleranz, die der Kurfürst befahl, legte nach der Überzeugung seiner Widersacher das aufrichtige Bekenntnis lahm und lieferte das Land dem Calvinismus aus. Die lutherischen Prediger kamen sich wie stumme Hunde vor, vor denen die Schrift warnt. Die Bestürzung über das Vorgehen des Kurfürsten war in den brandenburgischen Landen groß.

Noch im Oktober des gleichen Jahres richtete das geistliche Ministerium von Berlin eine Eingabe an den Kurfürsten. Darin beriefen sich die lutherischen Theologen auf die schwere Rechenschaft, die sie für die ihnen anvertrauten Seelen abzulegen hätten, baten den Kurfürsten, dem Land die Gewissensfreiheit zu erhalten und dem lutherischen Gottesdienst dieselbe Ruhe zu gewähren, deren sich Reformierte und Katholiken zu erfreuen hätten. Aber schon nach vier Tagen ließ Friedrich Wilhelm den Bittstellern ihre Eingabe zurückgeben mit dem ungnädigen Vermerk, er denke nicht daran, seinen Untertanen die Gewissensfreiheit zu entziehen, es sei denn, sie bestünde für sie im Verlästern, Verketzern und Verdammen der Reformierten.

Nun wandten sich die in ihrem Gewissen bedrückten Prediger nach zeitgenössischem Brauch an die Theologischen Fakultäten von Wittenberg, Jena und Helmstedt und an die geistlichen Ministerien von Hamburg und Nürnberg, um eine letzte Entscheidung in dieser Glaubens- und Gewissenssache zu erhalten. Die einlaufenden Gutachten bestärkten sie in ihrem Widerstand. Aber das Einholen dieser auswärtigen Gutachten über seine landesherrlichen Maßnahmen reizte wiederum den Zorn Friedrich Wilhelms. Er forderte die Auslieferung dieser Bescheide im Original und ließ hinzufügen: »Es steht euch nicht zu, unser Edikt, das wir aus wohlbedachtem Rat abfassen ließen, auswärtigen Leuten zur Begutachtung vorzulegen, denn sie haben sich so wenig um unsere Verordnungen zu kümmern wie wir uns um die ihrigen.«

Am 28. November mußten die lutherischen Prediger vor dem feierlich versammelten Konsistorium erscheinen und wurden aufgefordert, den Revers zu unterschreiben, und zwar der Propst Lilie seines hohen Amtes wegen und der Archidiakonus Reinhart als Rädelsführer der Widerstrebenden auf der Stelle. Sie weigerten sich und wurden ihrer Ämter enthoben.

Nun kam die Reihe an Paul Gerhardt, von dem der Kurfürst wußte, daß er mit Wittenberg verhandelt, die schriftlichen Leitsätze für das Religionsgespräch ausgearbeitet, während einer Erkrankung die Amtsbrüder zu sich gerufen und ermahnt hatte, nicht zu unterschreiben, daß er hinter seinem Amtsbruder Reinhart gestanden und ihn zum Widerstand ermutigt hatte. Nachdem Gerhardt vor dem Konsistorium erklärt hatte, er könne den Revers nicht unterschreiben, wurde ihm am 6. Februar 1666 die Amtsenthebung mitgeteilt. Er soll nach dieser Maßregelung geäußert haben: »Es ist nur ein geringes berlinisches Leiden. Ich bin auch willig und bereit, mit meinem Blut die evangelische Wahrheit zu besiegeln und als ein Paulus mit Paulus den Hals dem Schwert darzubieten.« Das Wort ist ernst gemeint, so unglaublich es uns heute erscheinen mag. Wer nur einen verschwommenen Rest von Glauben hat, dem mag es leicht fallen, tolerant zu sein, und wer nicht weiß, was er an seinem Glauben hat, der mag sich aufregen über die unnachgiebige Haltung, wie sie uns bei Paul Gerhardt entgegentritt. Ihm aber ging es um Christus und der Seelen Seligkeit. Ohne Aufhebens nahm er sein Leiden auf sich.

In einem Brief an die Gräfin Maria Magdalena zu Lippe, die sich wiederholt nach seinem Ergehen erkundigt hatte und ihm eine Anstellung in Aussicht stellte, damit er sich keinen Kummer um sein Auskommen zu machen brauche, schrieb er: »So herzlich geneigt ich sonsten bin, aller christlichen Obrigkeit und insonderheit diesem meinem gnädigsten Kurfürsten und Herrn als meinem ordentlichen Schutzherrn und größten Wohltäter in dieser Welt zu gehorchen, so habe ich dennoch, weil ich Dinge in den hochgedachten Edikten gefunden, die gerade wider mein Gewissen, wider mein hohes heiliges Amt und wider mein christlich lutherisches Bekenntnis laufen, bei mir ansehen müssen, und nachdem es dahin hat kommen sollen, daß ich entweder unterschreiben oder meines Dienstes müßig gehen sollte, habe ich lieber das letzte als das erste erwählen wollen. Ist mir also am 6. Februar dieses noch laufenden Jahres die *Remotion* (Entfernung aus dem Amt) angekündigt und daß ich mich meines Predigtamtes enthalten sollte, befohlen worden. Ob auch gleich die löbliche Bürgerschaft und christliche Gemeinde dieser kurfürstlichen Residenz meinethalben eine und die andere demütige Schrift an seine kurfürstliche Durchlaucht abgehen lassen in untertänigster Hoffnung, Sie würden mich noch endlich wieder erbitten und bei sich behalten können, ist doch solches bisher allerdings vergeblich gewesen und möchte auch inskünftige wohl schwerlich etwas erhalten werden. Ich meines Teils lasse den lieben Gott hierunter walten und bin mit seiner allerheiligsten Regierung wohl zufrieden, nachdem er mir nur das einige widerfahren ließ, daß ich mein armes Gewissen nicht kränken und betrüben mußte. Denn was würde es mir helfen, wenn ich gleich ein Königreich, ja die ganze Welt gewinnen könnte, und sollte Schaden an meiner Seele leiden? Hingegen, was kann mir das schaden, wenn ich gleich in meinem äußerlichen und zeitlichen Wohlergehen etwas entbehren muß, wenn ich nur das schönste Gut, den köstlichen Schatz, das allerteuerste Kleinod behalte! – Ich werde hier noch aushalten, nachdem mein gnädigster Kurfürst und Herr mich noch in seinem Land und seiner Residenz duldet. Ist es meines Gottes Wille, daß ich ihm noch in dieser Welt wieder als ein öffentlicher Prediger dienen soll, will ich ihm zu Ehren das wenige, was noch übrig ist von meinem Leben, gern aufopfern. Will er's aber nicht, so will ich ihn dennoch in meiner Einsamkeit preisen, loben und ihm danken, solange sich mein Mund regt und meine Augen offen stehn.«

In Berlin erhob sich, als Gerhardts Absetzung bekannt wurde, eine große Erregung. Die Verordneten der Bürgerschaft, die Gewerke der Tuchmacher, Schuhmacher, Bäkker und Schlachter, der Kürschner, Schneider und Zinngießer machten sogleich eine Eingabe an den Magistrat, der das Patronatsrecht über Sankt Nikolai innehatte, und verlangten, er solle beim Kurfürsten vorstellig werden, damit dieser »fromme, ehrliche und in vielen Landen berühmte Mann« ihnen erhalten bleibe. Doch Friedrich Wilhelm lehnte ab. Gerhardt sei einer der hartnäckigsten Gegner der Reformierten, darum müsse er darauf bestehen, daß dieser Mann sich beuge. Noch einmal wandten sich die Berliner an den Kurfürsten, und diesmal schlossen sich auch die Zünfte der Tischler, der Messerschmiede, der Huf- und Waffenschmiede der Eingabe an. Ungnädig lautete die Antwort des Souveräns, der Rat solle die Prediger durch sein unnötiges Eintreten in ihrem mutwilligen und unbefugten Querulieren nicht bestärken.

Wort und Urteil des Rates und des gemeinen Mannes machten auf Friedrich Wilhelm keinen Eindruck. Aber nun traten auch die Stände für Paul Gerhardt ein, und sie hatten bei dem Souverän stärkeres Gewicht. Sie wiesen darauf hin, daß Edikt und Revers nicht im Einvernehmen mit ihnen ergangen seien und baten, der Fürst möge Gerhardt in sein Amt zurückkehren lassen, weil erwiesen sei, daß er ein friedliebender Mann sei, dem Reformierte wie Lutheraner uneingeschränktes Lob zollten. Die Gefahr liege nahe, daß die Mark Brandenburg an dergleichen erbaulichen Predigern schließlich großen Mangel leiden werde. Deshalb baten sie, den Predigern die Unterschrift der Reverse zu erlassen oder mit den Ständen eine Reversformel zu vereinbaren, die jeder evangelisch-lutherische Prediger mit gutem Gewissen unterschreiben könne.

Der Kurfürst ließ sich umstimmen. Am 9. Januar 1667 beschied er den Magistrat auf das Schloß und eröffnete ihm: »Weil er von Paul Gerhardts Person keine Klage außer der vernommen habe, daß er sich der Unterschrift der Edikte entzogen habe, er aber dafür halten müsse, daß er die Meinung der Erlasse nicht recht begriffen habe, so solle ihm gestattet sein, sein Predigtamt weiterhin auszuüben.«

Was nur die allerkühnste Hoffnung hatte erwarten können, war hiermit geschehen. Der Gemaßregelte war bedingungslos seinem Dienst zurückgegeben. Der Jubel in Berlin war groß. Eine vornehme Standesperson ließ dem Dichter alsbald die Wiedereinsetzung ins Amt mitteilen. Der Magistrat überbrachte ihm die kurfürstliche Entscheidung am folgenden Tag persönlich ins Haus. Die Zeitung veröffentlichte einen Bericht vom Verlauf der Audienz, ein ganz ungewöhnlicher Vorgang. Am 17. Januar vollzog Paul Gerhardt wieder eine Taufe und nahm das Beichthören wieder auf.

Aber während Berlin jubelte, wollte ihm die Freude über das ihm wieder zugewandte Wohlwollen des Fürsten nicht kommen. Friedrich Wilhelm hatte ihmdurch seinen Geheimsekretär von der Zurücknahme der Amtsenthebung mit dem Bedeuten unterrichten lassen, er, der Kurfürst, verbleibe in der Zuversicht, Gerhardt werde sich gemäß der Edikte zu bezeigen wissen auch ohne Unterschrift und sich alles Verketzerns und Verdammens der Reformierten enthalten. Diese deutlich ausgesprochene Voraussetzung, die Unterstellung, er habe das Edikt nicht recht begriffen, und die ihm öffentlich nachgerühmte Mäßigung bedrückten sein Gewissen. Er wandte sich an den Magistrat mit der

Bitte, er möge doch erkunden, wobei es nun verbleiben solle, und ob er an seinem Bekenntnis festhalten und seine Gemeinde darin unterweisen könne. Er wolle keinen nagenden Wurm in sein Amt mitnehmen, darum müsse er sich aller Amtshandlungen enthalten, bis diese Frage geklärt sei.

Im gleichen Sinn schrieb er am 20. Januar 1667 an den Kurfürsten; er wolle ihm gestatten, sich seines Kirchendienstes noch zu enthalten, bis er ihn mit besserem Gewissen als jetzt verrichten könne, sonst würde er sich selbst die Wunde, die er von sich mit Herzensangst abzuwenden versucht habe, mit eigenen Händen in die Seele schlagen. »Ich fürchte mich vor Gott, in dessen Anschauen ich auf Erden wandle und vor dessen Gericht ich dereinst erscheinen muß.« Aber Friedrich Wilhelm ließ die Eingabe ungnädig beantworten: »Wenn der Prediger Paul Gerhardt das ihm von Seiner Kurf. Durchlaucht gnädigst wieder erlaubte Amt nicht betreten will, hat er das vor dem höchsten Gott zu verantworten. Der Magistrat von Berlin aber wird alsbald einige friedliebende und geschickte Leute einladen, die Probepredigt zu halten, aber keinen berufen, ehe er Seiner Kurf. Durchlaucht Bericht von den Qualitäten des Kandidaten erstattet hat.«

Der Magistrat, die Gemeinde, die Freunde konnten dem geliebten Seelsorger in seiner Entscheidung nicht folgen; er mußte diese Not allein durchstehen. Doch empfand er das Bedürfnis, sich vor seiner Gemeinde zu rechtfertigen. So kam diese Niederschrift zustande: »Es kann meiner Gemeinde unmöglich damit geholfen sein, wenn ich mein Gewissen bis auf den Tod verletze und den Heiligen Geist, der in meinem Herzen wohnt, auf das äußerste betrübe und kränke. Das tue ich aber, wenn ich unter diesen Umständen mein Amt wieder aufgreife, denn damit müßte ich die *Konkordienformel* verleugnen. Mein Bekenntnis, zu welchem ich von Jugend auf erzogen und gewiesen worden, in welchem ich auch vor Gott und der Welt mit gutem Gewissen gewandelt bin, von welchem mir auch der Geist Gottes in meinem Herzen Zeugnis gibt, daß es recht und ganz heilig und christlich sei, solches Bekenntnis, sage ich, müßte ich dahingeben und von mir legen unter dem Namen eines Schand- und Lästerbuches. Das wäre ein hartes und schweres Werk.«

Karl Hesselbacher hat in seinem Paul-Gerhardt-Buch dieses Kapitel mit den Worten beschlossen: »Es gehört zu den tragischen Geschehnissen der Geschichte der evangelischen Kirche, daß sich zwei so aufrechte und große Männer wie der Kurfürst und der Dichter nicht verstanden haben, nicht verstehen konnten. Auch der Kurfürst war ein wahrhaft frommer Mann. Sein Lieblingslied war »Befiehl du deine Wege«, und es ist beinahe eine tragische Ironie, daß er den Sänger dieses Liedes verstoßen mußte. Es war der Gegensatz von Staatsräson und evangelischer Freiheit. Der Staat verlangt Unterwerfung, der Glaube duldet keine Schranke. Der Staat befiehlt; der Glaube, der auf Befehl gehorcht, ist kein Glaube. So werden immer wieder im Lauf der Geschichte Staat und Glaube hart aufeinanderstoßen, solange der Staat Staat und der Glaube Glaube bleibt. Die Männer, die sich nur auf ihr Gewissen stellen können, das in Gottes Wort gefangen ist, werden dem Politiker immer sehr unbequem sein, denn sie verstehen die größte Kunst des Politikers, den Kompromiß, nicht. Aber so unbequem sie sind, so notwendig sind sie. Denn im letzten Grund lebt doch ein Volk davon, daß solche Männer der Innerlichkeit und Unerschütterlichkeit in ihm wirken. Sie sind das Rückgrat des Volkes. Eine Kirche, die Männer wie Paul Gerhardt hat, weiß, daß sie nicht umzubringen ist.«

Es läge nahe und entspräche wohl auch dem Wunsch des Lesers, würde nun der Versuch unternommen, in den Liedern des Dichters einen Niederschlag dieses schweren Erlebens aufzuzeigen. Aber damit wäre man auf Vermutungen gestellt, denn hier ist alles verhüllt; subjektive Züge sind in seinen Liedern nicht aufzufinden oder so ins Objektive erhoben, daß man sie nicht mehr als solche erkennt. Nur ein einziges Lied gibt es, das mit einiger Deutlichkeit einen Ausfluß jener Kämpfe darzustellen scheint. Die Überschrift lautet allerdings ganz biblisch: »Dankgebet Sirachs«. Als biblische Quelle ist das letzte Kapitel des Sirachbuches anzusehen, das mit den Worten beginnt:

»Ich danke dir, Herr, mein König, und lobe dich, Gott, mein Heiland, daß du mein Schutz und meine Hilfe bist, und meinen Leib aus dem Verderben, vom Strick der falschen Zunge und von den Lügenmäulern erlöst hast; und hast mir geholfen wider die Feinde, und hast mich errettet nach deiner großen und hochgerühmten Barmherzigkeit von dem Brüllen derer, die mich fressen wollten; aus der Hand derer, die mir nach dem Leben standen, aus vielen Trübsalen, darin ich lag; aus dem Brande, der mich umgeben hatte, mitten aus dem Feuer, das ich nicht angezündet hatte, aus dem tiefen Rachen der Hölle; vor den falschen Kläffern und Lügnern, vor dem König und vor ungerechtem Urteil«. Gegen Ende dieses letzten Kapitels findet sich das Wort, das dem Lied, das sich streng an den biblischen Inhalt hält, den trostvollen Abschluß gegeben hat: »Ich habe eine kleine Zeit Mühe und Arbeit gehabt und großen Trost gefunden. Freuet euch der Barmherzigkeit Gottes und schämt euch seines Lobes nicht.«

Ich danke dir mit Freuden,
mein König und mein Heil,
daß du manch schweres Leiden,
so mir zu meinem Teil

oft häufig zugedrungen,
durch deine Wunderhand
gewaltig hast bezwungen
und von mir abgewandt.

Du hast in harten Zeiten
mir diese Gnad erteilt,
daß meiner Feinde Streiten
mein Leben nicht ereilt,
wenn sie an hohen Orten
mich, der ich's nicht bedacht,
mit bösen, falschen Worten
sehr übel angebracht.

Wenn sie wie wilde Leuen
die Zungen ausgestreckt
und mich mit ihrem Schreien
bis auf den Tod erschreckt,
so hat dann dein Erbarmen,
das alles lindern kann,
gewaltet und mir Armen
den treuen Dienst getan.

Sie haben oft zusammen
sich wider mich gelegt
und wie die Feuerflammen
Gefahr und Brand erregt;
da hab ich dann gesessen
und Blut vor Angst geschwitzt,
als ob du mein vergessen,
und hast mich doch geschützt.

Du hast mich aus dem Brande
und aus dem Feur gerückt,
und wenn der Höllen Bande
mich um und um bestrickt,
so hast du, auf mein Bitten,
dich, Herr, zu mir gesellt,

und aus des Unglücks Mitten
mich frei ins Feld gestellt.

Den Kläffer, der mit Lügen
gleich als mit Waffen kämpft
und nichts kann als betrügen,
den hast du oft gedämpft.
Wenn er gleich einem Drachen
das Maul hoch aufgesperrt,
so hast du ihm den Rachen
durch deine Kraft gesperrt.

Ich war nah am Verderben,
du nahmst mich in den Schoß;
es kam mit mir zum Sterben,
du aber sprachst mich los
und hieltest mich beim Leben
und gabst mir Rat und Tat,
die sonst kein Mensch zu geben
in seinen Mächten hat.

Es war in allen Landen
so weit die Wolken gehn,
kein einger Freund vorhanden,
der bei mir wollte stehn;
da dacht ich an die Güte,
die du, Herr, täglich tust,
und hub Herz und Gemüte
zur Höhe, da du ruhst.

Ich rief mit vollem Munde,
du nahmest alles an
und halfst recht aus dem Grunde,
so daß ich's nimmer kann
nach Würden gnugsam loben:
doch will ich Tag und Nacht
dich in dem Himmel droben
zu preisen sein bedacht.

»Es ist ein echtes Gerhardtlied. Stille, umsichtige Betrachtung umwandelt den Gegenstand geistlicher Erfahrung, ihn von allen Seiten beleuchtend, ihn bettend in den unabgebrochenen Fluß des Gesanges, bis sie zuletzt auf erhöhter Stufe über ihrem Ausgangspunkt zur Ruhe kommt. Ein persönliches Bekenntnis, gewiß; aber subjektiv? Ist es nicht doch vor allem ein Gemeindelied, vielleicht nicht eines der sonntäglichen Versammlung, aber doch eins der Gemeinde, die von Kämmerlein zu Kämmerlein die Brükken des Gebetes schlägt? Es ist das Lied einer besonderen Situation; aber ist diese Situation nicht zugleich eine allgemeine? Ist es nicht, als wäre gerade auch dieses Lied nicht um seines Dichters und seiner persönlichen Nöte willen geschrieben, sondern für jeden von uns?« (Rudolf Alexander Schröder).

Drei volle Jahre blieb der Dichter ohne Amt, und seine Gewissensunruhe hielt noch geraume Zeit an, weil der Magistrat wiederholt die Bedenkzeiten verlängerte und die Edikte des Kurfürsten fortlaufend einen milderen Ton anschlugen, so daß sich Paul Gerhardt während des Jahres 1667 wiederholt mit der Hoffnung trug, die erbetene Zusicherung könnte ihm erteilt und dadurch die Wiederaufnahme des Amtes ermöglicht werden. Auch verloren die calvinistischen Ratgeber beim Kurfürsten ihren Einfluß, so daß der Streit abklang und auch über dem Fall Paul Gerhardt Gras wuchs. Schon wußte manch einer nicht mehr, daß in ihrer Mitte ein Mann amtlos saß, weil er unerschrocken für sein lutherisches Bekenntnis eingetreten war und dem Fürsten Widerpart geboten hatte.

So konnte der Dichter unangefochten in Berlin bleiben und litt mit den Seinen keine Not. Sein Gehalt wurde ihm bis in den August 1668 ausbezahlt; auch verfügte er oder seine Frau über einiges Vermögen, und noch hatte er Freunde genug, die für ihn einzustehen bereit gewesen wären, wenn die Not es erfordert hätte. In diesen Jahren brachte Johann Georg Ebeling die Gesamtausgabe der

Gerhardtschen Lieder heraus, und man muß annehmen, daß der Dichter an dieser Arbeit regen Anteil genommen und auch Freude daran gehabt hat. Der tiefste Schatten, der über sein Leben fiel, war nicht die Amtsenthebung, so sehr sie ihm auch zu schaffen gemacht hatte mit allen inneren und äußeren Kämpfen. Finster wurde es um ihn durch den Tod seiner Lebensgefährtin.

Anna Maria war ihm in guten und bösen Tagen eine treue Gehilfin gewesen; sie hatte seinen Kampf mitgekämpft und seine Entscheidung wohl verstanden. Sie hatte ihm nicht mit Jammern und Klagen in den Ohren gelegen oder ihn gar gedrängt zu unterschreiben mit den Worten, die damals umgingen: »Schreibt, lieber Herre, schreibt, daß er in der Pfarre bleibt.« Aber seit der Geburt ihres Sohnes Paul Friedrich ließen ihre Kräfte nach. Noch einmal schenkte sie einem Kind das Leben, aber es starb bald nach der Geburt. Dann wurde ihr Brustleiden zu einem unheilbaren Siechtum, um das sie selber nicht wußte. Am 28. Februar 1668 stellte sich gegen Abend zum erstenmal ein Bluthusten ein, ohne daß sie selbst sehr darauf achtete. Erst als er sich am nächsten Tag wiederholte, wurden sogleich die beiden besten Ärzte in der Stadt an ihr Bett gerufen. Sie vermochten wohl das Blut zu stillen, aber die Schwindsucht konnten sie nicht aufhalten. Der Gatte bemerkte, daß ihre Kräfte abnahmen und fragte, sie schonend auf den nahenden Tod vorbereitend, ob es ihr recht sei, wenn er in der Wochenpredigt die Gemeinde zur Fürbitte für sie aufriefe, und ob er ihren Beichtvater Lorenz bitten solle, ihr nach der Predigt das Abendmahl zu reichen. Sie antwortete herzlich, ja, das wäre ihr recht, sie hätte selbst auch schon daran gedacht, das Sakrament zu empfangen; aber sie wundere sich doch, wie ihr Herr auf solche Gedanken komme; sie wäre wohl etwas schwach, hoffe aber doch, bald wieder zu Kräften kommen zu dürfen. Dann bereitete sie sich wie in gesunden Tagen auf das Sakrament vor, ließ sich waschen und weiß kleiden und bat ihren Mann, aus Luthers Hauspostille die Predigt vom Abendmahl vorzulesen. Andächtig empfing sie die letzte Wegzehrung. Ihre Schwester Sabine, die verwitwete Frau Fromm, war um sie und tat ihr die letzten Handreichungen. Zu ihr sagte die Kranke gegen Mittag: »Du magst wohl denken, ich habe es dir nicht sagen wollen, daß ich krank bin, aber glaube mir, ich habe es nicht gewußt, daß mir der Tod so nahe ist. Bekümmere dich nicht darum; es ist doch nichts Gutes in der Welt. Im Himmel wollen wir uns wiedersehen.« Von ihrem Mann ließ sie sich aus ihrem handgeschriebenen Gesangbuch ihre liebsten Lieder vorlesen, Passions- und Sterbelieder vor allem. Da werden wohl auch die beiden Strophen dabeigewesen sein:

Wenn ich einmal soll scheiden,
so scheide nicht von mir;
wenn ich den Tod soll leiden,
so tritt du dann herfür;
  wenn mir am allerbängsten
wird um das Herze sein,
so reiß mich aus den Ängsten
kraft deiner Angst und Pein.

Erscheine mir zum Schilde,
zum Trost in meinem Tod
und laß mich sehn dein Bilde
in deiner Kreuzesnot.
  Da will ich nach dir blicken,
da will ich glaubensvoll
dich fest an mein Herz drücken.
Wer so stirbt, der stirbt wohl.

Dann nahm sie Abschied von ihrem Mann und legte ihm den von ihren fünf Kindern allein übriggebliebenen Sohn Paul Friedrich ans Herz und ermahnte diesen, dem Vater gehorsam zu sein. Als der Knabe weinend bat, die Mutter möge doch bei ihm bleiben, tröstete sie ihn mit dem Hinweis auf den himmlischen Garten, da die Seligen Gefährten der Engel sind. Als ihr Mann fragte, ob sie große Angst im Herzen habe, antwortete sie, nein, Angst habe sie nicht, aber sie wünsche sehr, daß Gott bald komme und sie heimhole. Schon am frühen Nachmittag – es war der 5. März 1668 – wurde ihr dieser Wunsch erfüllt. Hinter der Kanzel von Sankt Nikolai, die ihr Mann nicht mehr betreten durfte, wurde sie unter großer Teilnahme der Gemeinde beigesetzt.

JOHANN GEORG EBELING 1637–1676

Noch etwa fünf Jahre lang hatte Paul Gerhardt mit Johann Crüger als seinem Kantor an Sankt Nikolai und als Kollege am Frauen-Kloster zusammenarbeiten können. In den verschiedenen Ausgaben der *Praxis pietatis melica* waren inzwischen 89 seiner Lieder veröffentlicht worden. Nachdem der inzwischen altgewordene Kantor gestorben und in der Kirche, an der er vier Jahrzehnte lang gedient hatte, begraben worden war, besorgte der Verleger Christoph Ruge mit Hilfe des Stadtpfeifers Jakob Hintze selbst die Herausgabe des Liederbuches, bis auch er 1681 starb und seine Witwe die Druckerei verkaufte. Paul Gerhardt hatte ihm keine neuen Beiträge mehr für das Buch zukommen lassen, weil er unterdessen in Johann Crügers Nachfolger Johann Georg Ebeling den musikalischen Helfer gefunden hatte, dessen er bedurfte.

Dieser war 1637 in Lüneburg geboren, und seine musikalische Begabung, die früh hervortrat, wurde in der herzoglichen Kantorei seiner Vaterstadt gefördert. 1660 wurde er an das große Hamburger *Collegium musicum* berufen und schon zwei Jahre später als unmittelbarer Nachfolger Crügers nach Berlin geholt, wo er schon von seinem Amt als Kantor an Sankt Nikolai her mit Paul Gerhardt zusammenzuarbeiten hatte und als Lehrer am Grauen Kloster sein Kollege wurde.

Diesem seinem Kantor trat der Dichter sehr bald persönlich nahe; er übernahm die Patenstelle bei einem seiner Kinder und unterstützte ihn in seinem Vorhaben, eine Gesamtausgabe der Gerhardtschen Lieder zustande zu bringen. Man gewinnt den Eindruck, der Dichter habe alles, altes und neues und was ihm überhaupt der Veröffentlichung wert schien, aus seinem Schatz hervorgeholt und dem befreundeten Komponisten übergeben, damit er gewissenhaft und nach bestem Können damit verfahre. So konnten in der Zeit vom Februar 1666 bis zum Mai 1667 zunächst in zehn Heften zu je zwölf Nummern, bald aber auch als Gesamtband »Pauli Gerhardti geistliche Andachten, bestehend in einhundertzwanzig Liedern, mit neuen Melodien und sechsstimmigen Sätzen geziert« erscheinen. Die allermeisten der hier erstmals veröffentlichten Melodien stammen von Ebeling selbst; sie sind arienmäßiger gestaltet als Crügers Weisen und überschreiten auch öfter den durchschnittlichen Stimmumfang; sie sind darum bald wieder aus den Gesangbüchern verschwunden. Das Evangelische Kirchengesangbuch bringt davon noch diese vier:

»Du meine Seele singe«
»Warum sollt ich mich denn grämen«
»Die güldne Sonne voll Freud und Wonne«
»Wer kann der Treu vergessen«

Alle vier sind Meistermelodien; besonders gilt das von der Weise, die Ebeling zur »güldnen Sonne« geglückt ist. Wilhelm Nelle hatte den Eindruck, Gerhardts Verse hätten in diesem Fall den in der Erfindung manchmal schnell erlahmenden Komponisten über sich selbst hinausgehoben, so daß er diesen lichtdurchfluteten feinen und leichten Bau der Melodie habe entwerfen können. Die Melodie sei vollwertig, wie das Werk eines ersten Meisters. Besonders ist zu beachten, wie der Künstler das »Mein Haupt und Glieder, die lagen darnieder« und auch das »Aber nun steh ich« tonmalerisch veranschaulicht hat.

Neben zahlreichen neuen Strophen, die Johann Crüger in seinem Chorbuch einst gestrichen hatte und die nun wieder eingesetzt wurden – im ganzen einunddreißig –, konnte Ebeling den alten Schatz um dreißig Lieder vermehren, unter denen besonders hervorzuheben sind:

»Kommt und laßt uns Christum ehren«
»Die güldne Sonne voll Freud und Wonne«
»Wie schön ists doch, Herr Jesu Christ«
»Ich bin ein Gast auf Erden«
»Gib dich zufrieden und sei stille«

An den Sätzen, die Ebeling zu den Liedern geschaffen hat, erkennt man, daß sie ihren ursprünglichen Dienst im gottesdienstlichen Chorgesang und in der Hausandacht getan haben und erst auf diesem Weg in den Gemeindegesang übergingen. Es gibt ein zeitgenössisches Zeugnis im Vorwort eines Gesangbuches darüber, wie in den Kreisen, die dem Dichter nahestanden, über die Verwendung der Gerhardtschen Lieder gedacht wurde. »Unter den neuen Liedern muß ein scharfer Unterschied gemacht werden, ja der Geist, der darin gespürt wird, setzt ihn selbst. In den Liedern Paul Gerhardts steckt oft in einer Zeile mehr Saft und Kraft als bei andern in ganzen Strophen. Will nun jemand solche Lieder gebrauchen, dem sei es unverwehrt, doch für seine Privatandacht, nicht daß man sofort damit in die Gemeinden hineinplatze.«

Bisher waren die Lieder Paul Gerhardts verstreut unter dem übrigen Liedgut aufgetreten; ein Überblick über das Schaffen des Dichters, der ein Bild von seiner Persönlichkeit und der Eigenart seines Dichtens ermöglicht hätte, war damit nicht gegeben. Johann Georg Ebeling gebührt das Verdienst, die für lange Zeit gültige Gesamtausgabe veranstaltet zu haben; er konnte sich darauf berufen, daß ihm die Originale der Dichtungen vorgelegen hatten.

Während die meisten geistlichen Dichter aus selbständigen Sammlungen mit einzelnen Liedern in die Gesangbücher einzogen – oft erst nach ihrem Tod –, ist Gerhardt den umgekehrten Weg gegangen: Er ist mit seinem ganzen Können der singenden Gemeinde dienstbar gewesen und erst, nachdem er im Gesangbuch bewährt war, in eigenständiger Größe hervorgetreten.

Nur sechs Jahre ist Johann Georg Ebeling in Berlin geblieben. 1668 folgte er einem Ruf als Professor der griechischen Sprache und Dichtkunst und als Kantor und Musikdirektor am Gymnasium in Stettin. Er erreichte ein Alter von nur knapp vierzig Jahren. Allzufrüh ist sein liederreicher Mund verstummt.

LÜBBEN 1669–1676

Mit seinem fünfjährigen Sohn Paul Friedrich war der Dichter allein zurückgeblieben. Zwar nahm sich die Schwägerin Sabine, die verwitwete Frau Fromm, seiner an, versah ihm den Haushalt und suchte dem Kind die Mutter zu ersetzen. Aber wie sollte nun Gerhardts Leben weitergehen? Sollte er sich von Berlin lösen und den Freunden, die er da gewonnen hatte, und sich in seinem vorgerückten Alter in die Fremde und in unbekannte Verhältnisse begeben und gleichsam noch einmal beginnen? Er verspürte wenig Lust dazu und unternahm nichts, einen solchen Wechsel herbeizuführen. Wäre nicht das Kind gewesen, er hätte sich wohl der Sehnsucht hingegeben, abzuscheiden von der Welt und bei Christus zu sein. Es ist eines seiner letzten Lieder, das so anhebt:

Ich bin ein Gast auf Erden
und hab hier keinen Stand;
der Himmel soll mir werden,
da ist mein Vaterland.
  Hier reis' ich bis zum Grabe,
dort in der ewgen Ruh
ist Gottes Gnadengabe,
die schließt all Arbeit zu.

Und so weiterfährt:

Mich hat auf meinen Wegen
manch harter Sturm erschreckt;
Blitz, Donner, Wind und Regen
hat mir manch Angst erweckt;
  Verfolgung, Haß und Neiden,
ob ich's gleich nicht verschuldt,
hab ich doch müssen leiden
und tragen mit Geduld.

Mein Heimat ist dort oben,
da aller Engel Schar
den großen Herrscher loben,
der alles ganz und gar
  in seinen Händen träget
und für und für erhält,
auch alles hebt und leget,
nachdem's ihm wohlgefällt.

Zu dem steht mein Verlangen,
da wollt ich gerne hin;
die Welt bin ich durchgangen,
daß ich's fast müde bin.

Je länger ich hier walle,
je wen'ger find ich Freud,
die meinem Geist gefalle;
das meist ist Herzeleid.

Und das so schließt:

Du aber, meine Freude,
du meines Lebens Licht,
du ziehst mich, wenn ich scheide,
hin vor dein Angesicht
ins Haus der ewgen Wonne,
da ich stets freudenvoll
gleich als die helle Sonne
nebst andern leuchten soll.

Da will ich immer wohnen
und nicht nur als ein Gast
bei denen, die mit Kronen
du ausgeschmücket hast;
da will ich herrlich singen
von deinem großen Tun
und frei von schnöden Dingen
in meinem Erbteil ruhn.

Freunde nahmen sich des einsam und arbeitslos gewordenen Dichters an und erkundeten, daß in Lübben, der Regierungsstadt der Niederlausitz, die Stelle des Archidiakonus, des ersten Pfarrers also, vakant geworden war, und wandten sich an den dortigen Bürgermeister und Stadtrichter, um die Wahl auf Paul Gerhardt zu lenken. Er selbst bemühte sich nicht um diesen oder um einen andern Dienst, war aber bereit, willig zu folgen, wenn Gott ihn noch einmal ins geistliche Amt rufen sollte.

Die Freunde hatten Erfolg. Paul Gerhardt wurde zu einer Probepredigt eingeladen, und der Magistrat schickte ihm ein Fuhrwerk, in dem er die Reise von Berlin in die Niederlausitz in zwei Tagen zurücklegte. Daß er ein Dichter war, dessen Lieder vielen Christen zur Erbauung dienten, davon ist nirgends die Rede. Für die Lübbener scheint er nur ein »Herr Prediger Paul Gerhardt« gewesen zu sein, der sich um das Archidiakonat in ihrer Stadt bewarb. Am 20. Sonntag nach Trinitatis hielt er seine Predigt über das Gleichnis von der königlichen Hochzeit und wurde einstimmig gewählt.

Am Montag darauf unterrichtete man ihn über seine Einkünfte, die zum größten Teil aus dem Ertrag der Pfarrgüter bestanden, die er durch Dienstboten bewirtschaften lassen mußte. Auch das Pfarrhaus wurde ihm gezeigt; es war räumlich so beschränkt und baulich so verwahrlost, daß der anspruchslose Mann erklären mußte, er könne darin unmöglich wohnen, weil Raum und Ort zum Studieren fehlten. Die Predigtvorbereitung sei ein hohes und großes Werk, und wenn er dem nicht recht abwarten könne, so wäre er den Lübbern nichts nütze. Er verlangte damit nichts Unbilliges. Denn schon die kursächsische Kirchenordnung von 1580 schrieb ausdrücklich vor: »Nachdem die Notdurft erfordert, daß die Pfarrer zu ihrem Studieren einen besonderen Ort haben, wo sie von Weib, Kindern und Hausgesinde ungehindert und ungeirret demselben mit Fleiß abwarten können, soll jedem Pfarrer in der Pfarrbehausung nach Gelegenheit des Orts ein Studierstüblein gebaut werden.«

Der Magistrat versprach Abhilfe. Als Paul Gerhardt die Berufungsurkunde erhielt, nahm er sie mit Dank an und schrieb zurück, er hoffe, die gottesfürchtigen Stadtväter möchten erkennen, was für ein schweres Amt das Seelsorgeamt sei und darum mit ihm zu dem Vater unseres Herrn Jesus Christus innig beten, daß er ihm Kraft und Stärke zur Ausübung seines Amtes gebe.

Aber in Lübben wollten die Bauarbeiten nicht vorangehen. Manche Bürger maulten, das Pfarrhaus sei so lange gut gewesen, nun müsse es weiter gut genug sein auch für den Herrn Prediger aus Berlin. Andere fürchteten, der neue Pfarrer könnte auswärtiges Bier einführen und damit die Rechte der Bürgerschaft beeinträchtigen. Paul Gerhardt mußte erklären, er gedenke, nicht mehr Bier zu brauen, als er für seinen Tisch benötige, und wolle keinen Bierhandel oder einen öffentlichen Ausschank betreiben. Wieder andere fürchteten, der Pfarrer könnte die Gemeinde in Pestzeiten verlassen, und gaben sich erst zufrieden, als Gerhardt erklärte, er werde in jedem Fall bei seiner Gemeinde bleiben. Ende Mai waren endlich die letzten Hindernisse beseitigt, so daß der Umzug vonstatten gehen konnte. Am 6. Juni wurde der Dichter in sein Amt eingeführt.

Die Niederlausitz gehörte zu Kursachsen, hatte aber einen eigenen Herzog, der in Lübben residierte. Die größere deutsche Gemeinde mit etwa zwölfhundert Seelen, die vom Archidiakonus und Diakonus bedient wurde, bestand zu einem beachtlichen Teil aus Beamten und Studierten; die wendische Gemeinde, der ein eigenes kleineres Gotteshaus gehörte, wurde vom Subdiakonus versehen. Beide Amtsgenossen, zu denen nun Gerhardt als Senior trat, waren schon seit Jahren in Lübben tätig. Ihnen gegenüber war der Dichter ein Neuling in der Gemeinde. Dieser Umstand und die Erkenntnis, daß er nur noch wenige Jahre der Gemeinde werde dienen können, mögen dazu beigetragen haben, daß er in Lübben ein stilles, verborgenes Amtsleben führte. Die Kämpfe der vorausgegangenen Jahre hatten ihm das Wirken nach außen verleidet. Es scheint sogar, daß sich die Beziehungen zu den Berliner Freunden bald gelockert haben.

Frau Sabine Fromm, die Schwester seiner heimgegangenen Frau, war mit ihm nach Lübben umgezogen und hatte ihm den Haushalt geführt und die verödete Wohnung ein wenig heimisch gemacht. Doch auch sie blieb ihm nicht erhalten. Im Mai 1674 mußte er sie, die das treue, liebe Herz des Hauses geworden war, in Lübben begraben. Im Herbst des gleichen Jahres starb in Gräfenhainichen seine Schwester Agnes, die von seinen Geschwistern allein noch übriggeblieben war.

Er selbst war inzwischen ins siebzigste Lebensjahr getreten und spürte, daß sein Lebenstag sich dem Ende zuneigte. Da setzte er sich Mitte März 1676 hin und schrieb, wohl wissend, daß er seinem damals dreizehnjährigen Sohn nicht mehr lange werde zur Seite stehen können, das Testament für ihn, aus dem die ganze Liebe seines Vaterherzens spricht, in dem noch einmal sein ganzes Wesen aufleuchtet und in dem er zusammenfaßt die Erfahrung seines Lebens und das, was er in diesem Leben für wichtig erkannt hat. Er tut es mit innerer Gelassenheit und mit der Heiterkeit seines Gemütes, die uns so wohltuend in seinen Liedern berührt – auch im Angesicht des Todes. Das Testament hat diesen Wortlaut:

»Nachdem ich nunmehr das 70. Jahr meines Alters erreicht, auch dabei die fröhliche Hoffnung habe, daß mein lieber frommer Gott mich in kurzem aus dieser Welt erlösen und in ein besseres Leben führen werde, als ich bisher auf Erden gehabt habe: so danke ich ihm zuvörderst für alle seine Güte und Treue, die er mir von meiner Mutter Leibe an bis auf die jetzige Stunde an Leib und Seele und an allem, was er mir gegeben, erwiesen hat. Daneben bitte ich von Grund meines Herzens, er wolle mir, wenn mein Stündlein kommt, eine fröhliche Abfahrt verleihen, meine Seele in seine väterlichen Hände nehmen und dem Leibe eine sanfte Ruhe in der Erde bis zu dem lieben jüngsten Tage bescheren, da ich mit allen Meinigen, die vor mir gewesen und auch künftig nach mir bleiben möchten, wieder erwachen und meinen lieben Herrn Jesum Christum, an welchen ich bisher geglaubt und ihn doch nie gesehen habe, von Angesicht zu Angesicht schauen werde.

Meinem einzigen hinterlassenen Sohn überlasse ich von irdischen Gütern wenig, dabei aber einen ehrlichen Namen, dessen er sich nicht wird zu schämen haben. Es weiß mein Sohn, daß ich ihn von seiner Kindheit an dem Herrn meinem Gott zu eigen gegeben, daß er ein Diener und Prediger seines heiligen Wortes werden soll. Dabei soll er nun bleiben und sich nicht daran kehren, daß er nur wenig gute Tage dabei haben möchte; denn da weiß der liebe Gott schon Rat zu und kann die äußerliche Trübsal mit inniglicher Herzenslust und Freudigkeit des Geistes genugsam ersetzen.

Die heilige Theologie studiere in reinen Schulen und auf unverfälschten Universitäten, und hüte dich vor den Synkretisten, denn sie suchen das Zeitliche und sind weder Gott noch Menschen treu. In deinem Leben folge nicht böser Gesellschaft, sondern dem Willen und Befehl deines Gottes. Insonderheit:

1. Tue nichts Böses in der Hoffnung, es werde heimlich bleiben; denn es wird nichts so fein gesponnen, es kommt an die Sonnen.

2. Außer deinem Amt und Beruf erzürne dich nicht. Merkst du dann, daß der Zorn dich erhitzt hat, so schweige stockstill, und rede nicht eher ein Wort, bis du ernstlich die Zehn Gebote und den christlichen Glauben bei dir ausgebetet hast.

3. Der fleischlichen sündlichen Lüste schäme dich, und wenn du dermaleinst zu solchen Jahren kommst, daß du heiraten kannst, so heirate mit Gott und gutem Rat frommer, getreuer und verständiger Leute.

4. Tue Leuten Gutes, ob sie es dir gleich nicht zu vergelten haben, denn was Menschen nicht vergelten können, das hat der Schöpfer Himmels und der Erde längst vergolten, da er dich erschaffen hat, da er dir seinen lieben Sohn geschenkt hat, und da er dich in der heiligen Taufe zu seinem Kind und Erben auf- und angenommen hat.

5. Den Geiz fliehe als die Hölle, laß dir genügen an dem, was du mit Ehren und gutem Gewissen erworben hast, ob es gleich nicht allzuviel ist. Beschert dir aber der liebe Gott ein Mehreres, so bitt ihn, daß er dich vor dem leidigen Mißbrauch des zeitlichen Gutes bewahren wolle. Summa: bete fleißig, studiere was Ehrliches, lebe friedlich, diene redlich und bleibe in deinem Glauben und Bekenntnis beständig, so wirst du auch einmal sterben und von dieser Welt scheiden willig, fröhlich und seliglich. Amen.«

Schon zehn Wochen später, am 27. Mai 1676, ist Paul Gerhardt gestorben. Über seine letzten Lebensjahre, auch über die näheren Umstände seines Sterbens, fehlen gesicherte Angaben. Er wurde am 7. Juni in der Hauptkirche zu Lübben, vermutlich in der Nähe des Altars, bestattet, ohne daß die Stätte auf irgendeine Weise bezeichnet worden wäre.

PAUL FRIEDRICH GERHARDT 1663–1716

Der Leser wird fragen, wie es dem einsam zurückgebliebenen dreizehnjährigen Paul Friedrich Gerhardt nach dem Tod des Vaters ergangen und was aus ihm geworden ist. Zunächst war er nicht völlig allein in der geräumigen Wohnung verblieben, die man seinerzeit bei Paul Gerhardts Aufzug durch das Zusammenfügen des Diakonats- und des Archidiakonatshauses gewonnen hatte. Bei ihm blieb sein Vetter, der Studiosus Andreas Fromm, der auch nach dem Tod seiner Mutter Sabine im Lübbener Pfarrhaus verblieben war. Das »Gnadenjahr«, während dessen Wohnung und Einkünfte den Hinterbliebenen zustanden, dauerte bis Ende November 1676. Doch verfügte das Konsistorium bereits im Oktober, die beiden möchten sich ab 21. Oktober auf den Teil der Wohnung beschränken, der einst das Diakonat ausgemacht hatte, und die übrigen Räume dem Nachfolger Samuel Gerber überlassen. Fromm bat, man möge es für die restlichen fünf Wochen beim alten Zustand belassen, da sie den großen Kessel über dem Herd im Archidiakonat für die Viehhaltung benötigten. Ob das Konsistorium seiner Bitte entsprochen hat, läßt sich nicht feststellen. Unterm 24. Juni 1679 ist im Lübbener Kirchenbuch der Tod des Studenten Andreas Fromm eingetragen. Jetzt stand der siebzehnjährige Paul Friedrich völlig allein und auf sich gestellt in der Welt.

Anderthalb Jahre später, am 28. Dezember 1680 wurde er als Student an der Universität Wittenberg eingetragen. Die Mahnung des Vaters, aber auch die eigene Neigung werden ihn an den Quellort des reinen Luthertums gewiesen haben. Dort schloß er sich an Nikolaus Christoph Remling, einen Balten an, dessen Vater Superintendent in Mitau war. 1683 erwarb sich Paul Friedrich den Magistergrad und folgte drei Jahre später seinem Freund nach Greifswald, der dort eine außerordentliche Professur innerhalb der theologischen Fakultät übernahm. Aber schon nach weiteren drei Jahren wurde ihm dieser treue Freund, der seinem Leben vermutlich Stetigkeit hätte geben können, durch den Tod entrissen. Noch bei Lebzeiten hatte Remling den Freund seinem Vater ans Herz gelegt. Darum zog der abermals Verwaiste nach Kurland und erhielt durch die Vermittlung des Superintendenten von Mitau das Konrektorat in dem bei Riga gelegenen Städtchen Bauske.

Einen längeren Urlaub in die Heimat benutzte er dazu, sein väterliches Erbe, das er auf zweitausend Taler berechnet hatte, einzutreiben; doch mußte er sich mit fünfhundert Talern abfinden lassen. Er verheiratete sich mit einem Mädchen »ehrlichen und vornehmen Herkommens« aus Lübben. Mit seiner Frau kehrte Paul Friedrich nach Bauske zurück und verblieb dort, bis ihn der große Einfall der Russen ins Baltikum um das Jahr 1705 vertrieb. Er begab sich mit seiner Frau nach Berlin, fand aber dort nur geringes Entgegenkommen und keine Anstellung. Freunde rieten ihm, sich nach Zerbst in der Nähe von Gräfenhainichen zu begeben, dort ließe sich billiger leben, und dort wäre wohl auch ein Ämtchen zu finden.

Aber die Hoffnungen erfüllten sich nicht. Zwar nahm sich der Gymnasialprofessor und Superintendent Christian Reuter seiner an und schrieb Bittbriefe an den einflußreichen Dresdener Superintendenten Valentin Löscher, schilderte ihm die Schicksale des Magisters Gerhardt, teilte ihm mit, daß dessen Mittel gänzlich aufgezehrt seien und daß er bereit wäre, selbst als dritter und vierter Lehrer einer Schule einzutreten und die Bibliothek seines Vaters dem Ort zu vermachen, der ihm, wenn auch nur einen dürftigen Unterhalt biete. Auch diese Bemühungen scheinen ergebnislos geblieben zu sein. Das weitere Schicksal des Magisters Gerhardt und seiner Frau bleibt von da an im Dunkeln. Dem Superintendenten Saueressig von Gräfenhainichen verdanken wir die Nachricht, der Magister Gerhardt sei um das Jahr 1716 in Berlin gestorben; seine Witwe habe von dort das Bild ihres Schwiegervaters geschickt. Aller Wahrscheinlichkeit nach hat es sich um das Original des Bildes gehandelt, das seit langer Zeit an der Nordseite des Lübbener Altarraumes hängt.

Ein alter gedruckter Bücherkatalog kündet für den 12. Oktober 1716 die in einem Hintergebäude der Grünstraße in Berlin abzuhaltende Versteigerung einer ansehnlichen Büchersammlung, der Bibliothek Gerhardtianä, an. Alle Umstände sprechen dafür, daß es sich hier um den Bücherbesitz des Magisters Paul Friedrich Gerhardt gehandelt hat, in dem auch die Bücherei seines Vaters enthalten war. Alles, was dem Vater und dem Sohn Gerhardt zur Bildung und Erbauung gedient hat, ist seit dieser Versteigerung spurlos verschwunden und zerstreut. Von den handgeschriebenen Heften, die der Katalog aufführt, wird schwerlich noch einmal eines ans Licht kommen.

II

Die dreißig Lieder Paul Gerhardts,

die im Evangelischen Kirchengesangbuch stehen

WIE SOLL ICH DICH EMPFANGEN

EKG 10

Wie soll ich dich empfangen
und wie begegn ich dir,
o aller Welt Verlangen,
o meiner Seelen Zier?
O Jesu, Jesu, setze
mir selbst die Fackel bei,
damit, was dich ergötze,
mir kund und wissend sei.

Dieses Adventslied, ein Kleinod hinsichtlich seiner Aussage, seiner künstlerischen Gestalt und seiner Melodie, erschien erstmals 1653 in der *Praxis pietatis melica,* ist aber noch in den letzten Jahren des großen Krieges entstanden. Der Gottesmann Friedrich Krummacher hat in der Einleitung der Predigt für den dritten Adventssonntag 1868, wenige Tage bevor er in die Ewigkeit abgerufen wurde, dieses Zeugnis für unser Lied niedergeschrieben: »So oft es mir entgegentönt, ist mir, als ergösse sich plötzlich ein lichtheller Frühlingsglanz durch die herannahende Winternacht, und ich fühle mich erhoben, als trete der holdselige Friedensfürst persönlich mir entgegen, um mein armes Herz von allem Leid und Weh mit einemmal zu erlösen.«

Das Thema des Liedes ist vorangestellt: Wie soll ich dich, mein Herr Jesu Christ, empfangen, und wie soll ich dir begegnen? Wer so fragt, erkennt schnell, daß er von Gott bereitet werden muß; darum folgt unmittelbar auf die Frage die Bitte um Erleuchtung. Des zum Zeichen benutzt der Dichter das Bild der brennenden Fackel in Erinnerung daran, daß beim fürstlichen Festmahl hinter den Plätzen der Gäste Fackeln aufgestellt wurden. Die brennende Fakkel ist Zeichen und Symbol des Wachens, des Wartens und des Gerüstetseins. Hier ruft das Bild der Fackel sogleich das Gleichnis von den zehn Jungfrauen herbei, die ausziehen, den Bräutigam einzuholen.

»Es ist nicht ein beliebiges, sondern ein genaues Bild, wenn für das Hören der verwunschenen und verirrten Menschenseele immer wieder das Gleichnis der Braut genannt wird, die das Nahen des Bräutigams spürt. Wie sie in freudiger Erwartung ihrer selbst vergißt, ihres Kummers, ihrer Verlorenheit in trüben und leeren Stunden, ihrer Einsamkeit, aber auch ihrer Finsternis und Sünde. Aber nun hält die Schuldige inne, betroffen von dem liebenden Blick des Bräutigams, der an ihr Herz dringt. O Glück des Wartens, Glück der Freiheit, in deren Licht die gebrechliche Flamme meiner Hoffnung ertrinkt. – Glück des Teilhabens, der Vereinigung, Glück der vergebenden Liebe.« (Willy Kramp)

Wie soll ich dich empfangen, hat der Dichter gefragt, und gibt selbst die Antwort:

Mein Herze soll dir grünen
in stetem Lob und Preis
und deinem Namen dienen,
so gut es kann und weiß.

Das heißt: rühmend und dankbar verkündigen, was Gott zu unserer Rettung, uns zum Trost und zur Freude getan und aus welchem Grund er so gehandelt hat:

Nichts, nichts hat dich getrieben
zu mir vom Himmelszelt
als das geliebte Lieben,

damit du alle Welt
in ihren tausend Plagen
und großen Jammerlast,
die kein Mund kann aussagen,
so fest umfangen hast.

Aus Leid zur Freude, aus Spott zur Ehre, aus lauter Liebe erhebt er mich zu sich. Das hat sich der Dichter selbst ins Herz geschrieben und breitet es nun vor der Gemeinde, dem »hochbetrübten Heer«, aus: Es ist Advent! Ihr dürft nicht sorgen, der Heiland kommt, eure Herzen zu laben und zu trösten. Ihr dürft nicht verzagen, der Heiland kommt mit Willen, mit Liebe und Lust. Ihr dürft nicht erschrecken vor eurer Schuld; der Heiland kommt mit Lieb und Huld, den Sündern zum Trost. Ihr wartet nicht umsonst; er kommt zum großen Advent. Amen, ja komm, Herr Jesu.

Mit neun Jahren habe ich die ersten beiden und die fünfte Strophe unseres Liedes beim Lehrer Gottlieb Bauer in der Volksschule in Kürzell gelernt, und ich will hier des treuen Mannes gedenken, auch wenn sein Grab schon lange nicht mehr auf dem Kirchhof zu finden ist. An jedem Sonntagmorgen, den Gott werden ließ, hat er, sofern nicht Ferien waren, die Singstunde für die Schüler vom vierten bis ins achte Schuljahr gehalten. Diese Stunde zählte nicht zu seinem Deputat, sie war sein freiwillig dargebrachter Kirchendienst. Jeweils am Samstagmorgen ließ er durch einen Schüler – durch zwei, drei Jahre durfte ich das tun – im Pfarrhaus die Lieder holen, die am Sonntag im Gottesdienst gesungen werden sollten. Die sang er dann am Sonntagmorgen mit uns durch und hörte auch die Liedstrophe ab, die er von Sonntag zu Sonntag aufgab, und ließ manch ein Lied wiederholen. Viele Liedverse habe ich auf diese Weise bei ihm gelernt. Es war mir eine Freude, daß ich in den Jahren nach dem Krieg als Schulleiter in Mundingen – mit stillschweigender Duldung meines Kreisschulrates – in ähnlicher Weise verfahren konnte, was um so erwünschter war, als es in jenen Jahren um die Einführung in das neue Kirchengesangbuch ging.

Ich kann nicht verstehen, wieso das Lernen von Liedworten eine geistlose Arbeit sein soll, die ein verantwortungsbewußter und pädagogisch gebildeter Lehrer keinem Schüler mehr zumuten könne, und warum es besser sei, ein Herz leer zu lassen. Weiß man denn nicht, daß ein Herz niemals leer bleibt, und daß es entscheidend ist, was darein gepflanzt wird oder was darin wuchert?

Paul Gerhardt hat etwas erfahren von der großen Gottesliebe, die den verlorenen Menschen sucht und findet und sich der Gebeugten, der Geängsteten, der Sünder annimmt; darum kann er die Gemeinde trösten:

Seid unverzagt, ihr habet
die Hilfe vor der Tür;
der eure Herzen labet
und tröstet, steht allhier.

Der Dichter sinnt in seinem Adventslied über den Einzug des Herrn in das Menschenherz nach, wie schon die Mystiker des Mittelalters getan haben. Daß der Herr am Ende der Tage kommt, das ist für ihn ausgemacht und eine selbstverständliche Voraussetzung; darum geht er nur in der letzten Strophe auf den Jüngsten Tag ein:

Er kommt zum Weltgerichte,
zum Fluch dem, der ihm flucht,
mit Gnad und süßem Lichte
dem, der ihn liebt und sucht.
Ach komm, ach komm, o Sonne,
und hol uns allzumal
zum ewgen Licht und Wonne
in deinen Freudensaal.

FRÖHLICH SOLL MEIN HERZE SPRINGEN

EKG 27

Fröhlich soll mein Herze springen
dieser Zeit,
da vor Freud
alle Engel singen.
Hört, hört, wie mit vollen Chören
alle Luft
laute ruft:
Christus ist geboren.

Um das Jahr 435 hat der Papst Sixtus III. in der Seitenkapelle einer Kirche in Rom eine Weihnachtskrippe aufstellen lassen, und seither ist die Christenheit, vornehmlich in den Alpenländern, nicht müde geworden, das Weihnachtsgeschehen figürlich darzustellen und immer neue Krippenlieder anzustimmen. Auch unser Lied gewinnt an Anschaulichkeit, wenn man es sich in einem Krippenspiel vor der Weihnachtskrippe gesungen vorstellt. Es beginnt mit dem Gloria der Engel, und mit seinem persönlichen Bekenntnis: »Fröhlich soll mein Herze springen«, nimmt der Dichter die ganze Gemeinde in die Weihnachtsfreude mit hinein. Er zeigt Gottes Liebe mit den Worten an:

Gott gibt, unserm Leid zu wehren,
seinen Sohn
aus dem Thron
seiner Macht und Ehren.

Er führt uns in die himmlischen Räume, läßt uns an Gottes Ratschluß teilnehmen, zeigt uns Christi Werk von seiner Menschwerdung an bis zu seinem Sterben und ruft uns dann zur Krippe. Der Weg zur Krippe ist innerlicher Art: es gilt, sein Elend und Gottes Gnadengabe zu erkennen:

Die ihr schwebt in großem Leide,
sehet, hier
ist die Tür
zu der wahren Freude.

Die ihr arm seid und elende,
kommt herbei,
füllet frei
eures Glaubens Hände.

Wie in vielen seiner Lieder erweist sich Paul Gerhardt auch hier als der große Tröster, der die von Leid und Elend des großen Krieges Verstörten zur getrosten Freude zu führen vermag. Die drei letzten Strophen beschreiben die Annahme der angebotenen Gnadengabe, und es ist bezeichnend, daß hier wieder das Ich des Dichters gewissermaßen im Namen aller Geladenen spricht, denn was uns zu Weihnachten angeboten wird, kann nur im persönlichen Zugreifen angeeignet werden:

Ich will dich mit Fleiß bewahren;
ich will dir
leben hier,
dir will ich abfahren;
mit dir will ich endlich schweben
voller Freud
ohne Zeit
dort im andern Leben.

Das außergewöhnliche Versmaß mit seinen charakteristischen Kurzzeilen, die dem Lied die springende, vorwärtsdrängende und beschwingte Art verleihen, ist eine Erfindung Paul Gerhardts. Die sprachliche Meisterschaft zeigt sich im Gebrauch des Stabreims (Licht – Labsal) und in einmaligen Wortprägungen (Gottes Held – Gottes Kind). Nicht übersehen kann man die Wortprägung »dieser Zeit, da vor Freud« im Eingang der ersten Strophe, die am

Schluß des Liedes noch einmal aufgenommen und umgestaltet ist in »voller Freud, ohne Zeit«.

Die Weise ist eine der schönsten, die Johann Crüger geschaffen hat. Sie ist ganz eigenständig, unverwechselbar und von großer rhythmischer Lebendigkeit. Prüft man sie an den verschiedenen Strophen, so erkennt man, daß sie zur ersten erfunden, ihr aber nicht so ausschließlich verhaftet ist, als daß sie nicht auch den andern Strophen sinnvoll dienlich sein könnte. Text und Weise finden sich erstmals in der achten Auflage der *Praxis pietatis melica*, vermutlich im Jahr 1653.

AN DER KRIPPE

EKG 28

Ich steh an deiner Krippe hier,
  o Jesu, du mein Leben;
ich komme, bring und schenke dir,
  was du mir hast gegeben.
Nimm hin, es ist mein Geist und Sinn,
Herz, Seel und Mut, nimm alles hin
  und laß dir's wohlgefallen.

Das Schwergewicht der Aussage liegt in den ersten vier Strophen, in denen der Dichter darlegt, warum Dank und Liebe in ihm brennen: Das Kind in der Krippe ist der Retter, der mich, ehe ich geboren war, zu seinem Eigentum erkoren hat; er ist das Licht im Dunkel meiner Lebensangst, die Sonne, die mir Licht, Liebe, Leben bringt. Höhepunkt dieses ersten Teils ist die dritte Strophe, die schönste aller Sonnenstrophen Paul Gerhardts; sie hat ihre Wurzel im ersten Kapitel des Epheserbriefes: »In ihm hat er uns erwählt, ehe der Grund der Welt gelegt war; in seiner Liebe hat er uns verordnet, daß wir seine Kinder seien durch Jesus Christus und sein Eigentum würden zum Lob seiner Herrlichkeit.« Sie erinnert an das Prophetenwort: »Das Volk, das im Finstern wandelt, sieht ein großes Licht, und über denen, die da wohnen im finstern Lande, scheint es hell.« Sie ruft das Wort wach aus dem Testament des Dichters: »Was Menschen nicht vergelten können, das hat der Schöpfer Himmels und der Erde längst vergolten, da er dich erschaffen hat, da er dir seinen lieben Sohn schenkte und dich in der heiligen Taufe als sein Kind auf- und angenommen hat. Das ist die Strophe, die wir meinen:

Ich lag in tiefster Todesnacht,
du warest meine Sonne,
die Sonne, die mir zugebracht
Licht, Leben, Freud und Wonne.
O Sonne, die das werte Licht
des Glaubens in mir zugericht',
wie schön sind deine Strahlen!

Das Lied ist vom Inhalt, weniger von der Form her, ein Gespräch mit dem göttlichen Kind in der Krippe, wie es schon der Kirchenvater Hieronymus geführt hat, und der Dichter geht ganz in der Bahn jenes erdachten Gespräches; das macht die fünfte Strophe deutlich. Beim Kirchenvater spricht das Kind: »Gib her deine Sünde, dein böses Gewissen und deine Verdammnis, ich will alles auf meine Schulter nehmen, das soll meine Herrschaft und herrliche Tat sein, wie Jesaja vor Zeiten gesagt hat, daß ich deine Sünde will tragen und wegtragen.« Bei Paul Gerhardt heißt es:

Wann oft mein Herz vor Kummer weint
und keinen Trost kann finden,
rufst du mir zu: »Ich bin dein Freund,
ein Tilger deiner Sünden.
Was trauerst du, o Bruder mein?
Du sollst ja guter Dinge sein,
ich sühne deine Schulden.«

Durch die folgenden Strophen zieht sich die Spannung: hier die liebende Verehrung, die das heilige Kind auf Blumen betten möchte, statt auf Heu und Stroh, und die Krippe mit Rosen, Nelken und Rosmarin schmücken will, und dort der Schatten des Kreuzes, der über die Krippe fällt, die Erkenntnis, daß dieses Kind durch Armut, Elend, Spott und Leiden ans Kreuz gehen muß, um das Werk unserer Erlösung zu vollbringen. Die Wendung: »Das will ich dir nicht wehren«, läßt vermuten, daß Paul Gerhardt hier an das gutgemeinte, aber versuchliche Wort des Petrus gedacht hat: »Das widerfahre dir nicht!« Diese Strophen mögen sich weniger für den gottesdienstlichen Gesang der Gemeinde eignen; sie sind aber von dichterischer Schönheit und sprechen das Gemüt an. Im Krippenspiel habe ich oft die allermeisten Strophen in der Anbetungsszene sprechen lassen.

Die Schlußstrophe wendet zum Liedanfang zurück und greift ein Bild auf, das die Mystiker des Mittelalters gebraucht haben, wenn sie sagen wollten, daß Christus in uns müsse geboren werden:

So laß mich doch dein Kripplein sein;
komm, komm und lege bei mir ein
dich und all deine Freuden.

Die Weise stammt aus dem berühmten Gesangbuch des Zeitzer Schloßkantors Schemelli, an dessen Zustandekommen auch Johann Sebastian Bach als musikalischer Berater und Mitarbeiter beteiligt war. Er hat 69 Lieder mit Weisen und Generalbaß versehen. Die Melodie zu unserm Lied ist als seine Erfindung nachgewiesen. Sie ist die einzige Spur des großen Thomaskantors im Evangelischen Kirchengesangbuch.

WEIHNACHTSGESANG

EKG 29

Kommt und laßt uns Christum ehren,
Herz und Sinnen zu ihm kehren;
singet fröhlich, laßt euch hören,
wertes Volk der Christenheit.

Dieses vielgeliebte und vielgesungene Weihnachtslied geht im Versmaß des Quempasliedes (EKG 20) und wird auch nach der alten Quempasweise gesungen. Das kommt nicht von ungefähr. »Um die Mitte des 17. Jahrhunderts – das ist die Zeit des großen Wolfenbütteler Tonsetzers Michael Prätorius – war man bestrebt, den *Quempas* in das kunstmäßige Musizieren der Hofkapellen einzubauen und bemühte sich, für die Eindeutschung des *Quem-pastores*-Textes eine Form zu finden, die den künstlerischen Ansprüchen der damaligen Dichtkunst genügte. Das alte ›Den die Hirten lobeten sehre‹ hat zwar die (volkskundlich gesehen) urtümliche Lebendigkeit eines Textes, bei dem die Silbenzahl zwischen den Hebungen nicht genau festgelegt ist, daher man den Text nur so unter die Noten bringt, daß man oft anstatt einer Silbe mehrere auf eine Note singt. Aber die Kunstdichtung der Zeit eines Paul Gerhardt wollte nach antikem Vorbild größere Regelmäßigkeit der Silbenanordnung, dazu auch einen logischeren Gedankengang, als der alte deutsche Text ihn aufweist. Endlich schien der Gebrauch des Lateinischen vielen schon damals überholt. So entstand Paul Gerhardts ›Kommt und laßt uns Christum ehren‹ mit seinen acht Gesätzen, entsprechend den vier lateinischen und vier deutschen Strophen des alten Gesanges.

Wie wohl geordnet sind hier Silben, Worte und Gedanken! Und dabei durchaus keine blasse Wiederholung der lateinischen oder deutschen Vorlage, vielmehr vor allem im zweiten Gesätz eine Prägung eigenster Art. Das Lied mit der alten Quempasweise hat sich rasch in den Gesangbüchern eingebürgert, teilweise als Weihnachtslied, stellenweise auch – im Hinblick auf die fünfte Strophe – als Neujahrs- oder Epiphaniasgesang.« (Wilh. Thomas)

Paul Gerhardt erscheint in diesem Lied weniger als der Prediger, der seiner Gemeinde die Weihnachtsbotschaft auslegt, auch nicht als ein frommer Christ, der, über die Menschwerdung Gottes nachsinnend, an der Krippe seine Andacht hält, vielmehr als der Kantor, der dem Chor das Notenblatt austeilt und den hellen Ton angibt, als der Vorsänger, der, den Gemeindegesang anführend, die Gemeinde aufruft: »Kommt und laßt uns Christum ehren!« Der ganze Zeit und Ewigkeit umspannende Horizont wird in diesem kurzen Lied mit den knappen Strophen aufgerissen. Sünde und Hölle, Tod und Teufel sind entmächtigt, und das Hohngelächter der Mächte und Gewalten der Finsternis muß verstummen vor dem, der zur Weihnacht geboren wird. Darum darf die Christengemeinde fröhlich singen, und der Glaube spricht trotzig kühn und gelassen zugleich:

Sünd und Hölle mag sich grämen,
Tod und Teufel mag sich schämen;
wir, die unser Heil annehmen,
werfen allen Kummer hin.

Der Dichter beschreibt die Ankunft des Retters in Bildern und Worten, die schon in der Heiligen Schrift diesen Dienst ausrichten. Da ist Bezug genommen auf den Lobgesang des Zacharias: »Durch die herzliche Barmherzigkeit unseres Gottes hat uns besucht der Aufgang aus der Höhe, auf daß er erscheine denen, die da sitzen in Finsternis und Schatten des Todes und richte unsere Füße auf den Weg des Friedens.« Auf »Jakobs Stern« wird schon im 24. Kapitel des vierten Mosebuches hingewiesen: »Es wird ein Stern aus Jakob aufgehen und ein Szepter aus Israel aufkommen.« Die Schlange, schon in der Versuchungsgeschichte ein Bild und Zeichen für des Teufels Trug und List, ist es geblieben. Am Ende jener alten Versuchungsgeschichte steht das rätselhaft dunkle Wort, das man als das Urevangelium verstanden hat, und das Paul Gerhardt in seinem Lied aufklingen läßt: »Feindschaft will ich setzen zwischen dir und dem Weibe, zwischen deinen und ihren Kindern. Ihr Nachfahr wird dir den Kopf zertreten, und du wirst ihn in die Ferse stechen.« Dieser Nachfahr ist Jakobs Stern, der wahre Morgenstern, der nie untergeht, Jesus Christus, Gottes und Marien Sohn. Paul Gerhardt singt:

Jakobs Stern ist aufgegangen,
stillt das sehnliche Verlangen,
bricht den Kopf der alten Schlangen
und zerstört der Höllen Reich.

Die Kenntnis der Weihnachtsgeschichte ist in dem Lied vorausgesetzt. Die das Lied singen, kennen die Historie. Als solche, die ihr Heil annehmen, trotzen sie den finstern Mächten. Die Huldigung vor dem Sieger Christus wird zum Preis der Liebe Gottes, die diese Wendung heraufgeführt hat. Mit den beiden letzten Strophen mündet das Lied in die Anbetung ein.

WIR SINGEN DIR, IMMANUEL

EKG 30

Wir singen dir, Immanuel,
du Lebensfürst und Gnadenquell,
du Himmelsblum und Morgenstern,
du Jungfraunsohn, Herr aller Herrn.

Noch vor fünfzig Jahren, als der Gemeinde die urtümlichen Weihnachtslieder, ohne die wir uns das Fest heute gar nicht mehr denken können, noch fremd waren und die Erneuerung der Gesangbücher noch nicht begonnen hatte, nahm dieses Lied eine bevorzugte Stellung im weihnachtlichen Gemeindegesang ein, und vielleicht ist dieser Umstand der Grund, weshalb es ins Kirchengesangbuch aufgenommen wurde. Wenn wir heute aufgefordert würden, die bekanntesten oder gar unsere liebsten Weihnachtslieder aufzuzählen, müßte es schon merkwürdig zugehen, wenn einer auf dieses Lied käme. Es zählt im Gegensatz zu den drei andern Weihnachtsliedern Paul Gerhardts nicht mehr zum urtümlichen Weihnachtsliederschatz der Christenheit deutscher Zunge und muß noch hinter Christian Fürchtegott Gellerts Lied »Dies ist der Tag, den Gott gemacht«, das ich noch in der Schule auswendiggelernt habe, zurückstehen. Es fehlt dem Lied ein Stück Unmittelbarkeit, und die Weihnachtsfreude wird unter lehrhaften Bemerkungen begraben.

Das Lied hebt hymnisch im »Wir-Ton« an. Christus wird nach Jesaja 7, 14 der Immanuel genannt, und in den folgenden Strophen kommt die alttestamentliche Messiaserwartung ausführlich zu Wort nach Psalm 14: »Ach, daß die Hilfe aus Zion über Israel käme und der Herr sein gefangenes Volk erlöste! So würde Jakob fröhlich sein und Israel sich freuen.«

Die vierte Strophe, die dieses Psalmwort aufgreift, verdient hervorgehoben zu werden; sie ist die geprägteste des ganzen Liedes:

Ach, daß der Herr aus Zion käm
und unsre Bande von uns nähm!
Ach, daß die Hilfe bräch herein,
so würde Jakob fröhlich sein.

Im Original, das zwanzig Strophen umfaßt, folgen nun

fünf Gesätze, die vom Gegensatz her aufgebaut sind, wie das Martin Luther schon in seinem Weihnachtslied »Gelobet seist du, Jesu Christ« getan hat.

Du kehrst in fremder Hausung ein,
und sind doch alle Himmel dein.

Du hast dem Meer sein Ziel gesteckt
und wirst mit Windeln zugedeckt.

Du bist der Ursprung aller Freud
und duldest so viel Herzeleid.

Bist aller Heiden Trost und Licht,
suchst selber Trost und findst ihn nicht.

Du bist der süße Menschenfreund,
und doch sind dir viel Menschen feind.

In den folgenden Strophen bezieht der Dichter auf sein eigenes Glaubensleben, was er zuvor der Gemeinde als Erfüllung der Sehnsucht Israels dargelegt hat. Es ist alles sehr richtig, was er sagt: wir sind geringe Knechte, wir lieben Jesus nicht, wie wir sollten, stecken in Sünden und kommen nicht heraus. Zwar wird gesagt, daß der Immanuel, der Lebensfürst und Herr aller Herrn uns von allem Jammer befreien und unsere Not und Angst in Freud verwandeln will. Aber was der Dichter hier ausführt, kann so zu jeder Zeit des Kirchenjahres ausgesprochen werden. Dem Lied fehlt der Weihnachtsglanz.

Hinzu kommt noch, daß es keine eigene Melodie hat. Ursprünglich wurde es nach der Osterweise »Erschienen ist der herrlich Tag« gesungen. Noch vor hundertfünfzig Jahren sah man es als einen Vorzug an, wenn ein Gesangbuch mit möglichst wenig Melodien auskam und man möglichst viele Texte – gleichviel, ob es sich um solche zur Weihnacht oder für den Karfreitag handelte – nach ein und derselben Weise singen konnte. So ist zum Beispiel im

Straßburger Gesangbuch von 1808 die Melodie »Wer nur den lieben Gott läßt walten« 64 Texten zugewiesen; nach der Weise »Allein Gott in der Höh sei Ehr« sollten 46 Texte gesungen werden; die Melodie »Vom Himmel hoch, da komm ich her« war 23 Texten zugedacht. Heute haben wir eingesehen, daß eine Melodie nicht nur ein formales Mittel ist, einen Text gemeinsam zu singen, sondern daß sie einen Eigenwert besitzt, der einem Text entsprechen kann oder auch nicht, daß sich dieser Eigenwert mit dem Text in einzigartiger Weise verbinden kann und so die Dichtung zum Lied erhöht; daß es also ein Unfug ist, Weisen und Texte miteinander zu verbinden, sofern es nur die Strophenform und ihre Silbenzahl zuläßt. Es gibt Weisen mit weihnachtlichem Charakter, so wie es Ostermelodien gibt, und nicht selten hat sich eine Singweise mit einer Dichtung so innig und einmalig verbunden, daß man sie diesem bestimmten Text einfach vorbehalten muß. Jetzt ist dem Lied die Melodie »Vom Himmel hoch, da komm ich her« zugewiesen. Man könnte es sehr wohl auch nach der Weise »Steht auf, ihr lieben Kinderlein« singen.

NEUJAHRSGESANG

EKG 42

Nun laßt uns gehn und treten
mit Singen und mit Beten
zum Herrn, der unserm Leben
bis hierher Kraft gegeben.

Kein anderes Lied zum Jahreswechsel kommt diesem Silvestergesang Paul Gerhardts gleich, und man kann sich kaum einen Silvestergottesdienst denken, in dem es nicht gesungen würde, und zwar durch alle fünfzehn Strophen, wenn nicht in einem Zug, dann doch in der Weise, daß die erste Hälfte des Liedes mit Lob und Dank zum Eingang oder vor der Predigt, die zweite nach der Predigt als gesungenes Gemeindegebet angestimmt wird. Es ist gut, wenn einmal von dem notwendigen Übel, ein Lied nur anzusingen oder in Strophenauswahl zu gebrauchen, abgewichen und dem Lied Raum gegeben wird für seine ganze Aussage. Bei diesem Silvesterlied wäre jede Strophenauswahl eine unerlaubte Verstümmelung.

Daß das Lied so tief in den Herzen wurzelt, ist einigermaßen begreiflich und erklärbar. Es begleitet uns – uns Ältere zumal – durch ein langes Leben. Es gleicht einem ruhig dahinströmenden Wasser, in dem sich Bilder und Erinnerungen aus unserm Leben spiegeln und Stimmen sich vernehmen lassen. Es war für uns Schulbuben ein großes Ereignis, als der neu aufgezogene Pfarrer um 1908 mit dem überlieferten Brauch brach und den Silvestergottesdienst nicht mehr nachmittags um drei Uhr hielt, sondern auf abends acht Uhr ansetzte, und wir alle Weihnachtskerzen mitbringen durften, deren kümmerliche Flämmchen die nächtlich dunkle Kirche nur matt zu erhellen vermochten und gerade ausreichten, um den Text unseres Liedes aus dem Gesangbuch entnehmen zu können. Elektrisches Licht gab es damals in unserem Dorf noch nicht. Das war eine hochromantische Angelegenheit, wenn man so will. Doch bin ich überzeugt, daß wir nicht Romantik erlebt, sondern die Symbolkraft des Lichtes und der Finsternis ganz ursprünglich erfahren haben.

Oft und an den verschiedenen Dienstorten habe ich die Gemeinde mit der Orgel zu diesem Lied begleitet; bisweilen haben wir es zwischen Chor und Gemeinde aufgeteilt. Das Lied ist bei mir gewesen, als ich in der Silvesternacht 1944/45 in Gotenhafen auf die Ausfahrt nach Kurland wartete zu einer Zeit, als es in Deutschland schon drunter und drüber ging und an eine Heimkehr kaum noch zu denken war. Es hat Jahre gegeben, da haben wir das Lied unbeschwerten Herzens singen dürfen, weil Angst und Plagen, Zittern und Zagen, Krieg und große Schrecken keine unmittelbaren Erfahrungen für uns bedeuteten. Wir haben es aber auch unter Tränen, mit halberstickter Stimme und mit Zittern und Zagen singen müssen, weil die Bombennächte und Schlachtgewitter noch über uns hingen und weil so viele, die uns in Liebe verbunden waren, unter Trümmern begraben lagen oder nicht wieder heimgekehrt sind. Und doch wuchs uns Trost zu aus diesem Lied, wir wissen nicht zu sagen, wie es geschah. Ich kann auch nicht erklären, warum das Lied so feierlich klingt und alle Herztöne mitschwingen läßt; ist doch die Weise schlicht und einfach, und sind die Worte so natürlich gesetzt, daß alles Gekünstelte weit dahinten bleibt und die Reime sich wie von selbst, ganz ungesucht und wie nebenbei ergeben. Ich kann nicht sagen, worin die Kraft und Macht dieses Gesanges liegt. Das Lied kommt von Herzen und spricht zum Herzen; ein Mann des Volkes findet das Herz des Volkes. Das Lied steigt mit seinem Lob und Dank und seinen Gottes Herz suchenden Bitten aus der Not des großen Krieges auf, die keinem fremd war, und der Trost, der auch aus diesem Gesang strömt, war Balsam für leidgeprüfte Herzen.

Angst, Not, Bedrängnis und Kummer sind Grunderfahrungen des Menschen zu allen Zeiten; darum kann das Lied an jedem Silvesterabend gesungen werden. Am lebendigsten aber werden jene es nachvollziehen können, die das Zittern und Zagen in Luftschutzbunkern und Schlachtgewittern, das große Leid zweier Kriege und Hungerzeiten und Gottes gnädige Durchhilfe nicht vergessen haben.

Das Lied ist aus einem großen Vertrauen in die grenzenlose Liebe und Fürsorge Gottes angestimmt. Im Vertrauen auf diese Liebe geht der Dichter barmherzig um mit den Leidgeprüften: im Rückblick ist allein dem Dank Raum gegeben; im Ausblick werden keine Vorsätze gefaßt und

Gott vorgetragen; es genügt, ihm alles anzubefehlen, wie es im Fürbittgebet geschieht:

Hilf gnädig allen Kranken,
gib fröhliche Gedanken
den hochbetrübten Seelen,
die sich mit Schwermut quälen.

Und endlich, was das meiste,
füll uns mit deinem Geiste,
der uns hier herrlich ziere
und dort zum Himmel führe.

EIN LÄMMLEIN GEHT UND TRÄGT DIE SCHULD

EKG 62

Ein Lämmlein geht und trägt die Schuld
der Welt und ihrer Kinder;
es geht und büßet in Geduld
die Sünden aller Sünder.
Es geht dahin, wird matt und krank,
ergibt sich auf die Würgebank,
entsaget allen Freuden;
es nimmet an Schmach, Hohn und Spott,
Angst, Wunden, Striemen, Kreuz und Tod
und spricht: Ich wills gern leiden.

Paul Gerhardt kannte die Weise, die Wolfgang Dachstein in Straßburg hundert Jahre zuvor zu der Bereimung des Psalms 137 erfunden hatte:

An Wasserflüssen Babylon,
da saßen wir mit Schmerzen;
als wir gedachten an Zion,
da weinten wir von Herzen . . .

denn Martin Luther hatte das Lied mit seiner »sehr liebreichen Melodie« 1545 in das Babstsche Gesangbuch aufgenommen. Diese Weise schwebte unserm Dichter vor, als er sich in das Wort des Evangeliums versenkte: »Er trug sein Kreuz.« Er sah Jesus mit den Augen des Täufers als das Lamm Gottes, das der Welt Sünde trägt. Im Eingang seines Liedes gibt er nicht einen geschichtlichen Abriß des Passionsgeschehens; ja, er sieht völlig ab von der zeitlichen Erscheinung Jesu und entwirft eine Schau der Passion, indem er sich von der Gleichnisvision des zweiten Jesaja von dem leidenden Gottesknecht leiten läßt (Jes. 53). Er gibt uns Einblick in den ewigen Ratschluß Gottes und macht uns zu Mithörern eines Zwiegesprächs zwischen Gottvater und Gottsohn vor aller Zeit und Welt:

»Geh hin, mein Kind, und nimm dich an
der Kinder, die ich ausgetan
zur Straf und Zornesruten.
Die Straf ist schwer, der Zorn ist groß,
du kannst und sollst sie machen los
durch Sterben und durch Bluten.«

So spricht der Vater zum Sohn; und das ist des Sohnes Antwort:

»Ja, Vater, ja von Herzensgrund,
leg auf, ich will dirs tragen.«

Damit ist der Dichter in das Heiligtum der Passion eingetreten, in das Erlösungsgeschehen, das die göttliche Liebe in Bewegung gesetzt hat:

O Wunderlieb, o Liebesmacht,
du kannst, was nie kein Mensch gedacht,
Gott seinen Sohn abzwingen.

Diese Überbetonung der Liebe, die Paul Gerhardt wie eine eigenständige Kraft, wie eine Persönlichkeit neben Gott auftreten und mit ihm ringen läßt, ist etwas befremdlich. Gott ist die Liebe, sagt die Schrift. Doch wird man zugeben müssen, daß diese hohe Auffassung der Liebe im hohen Lied der Liebe (1. Kor. 13) zum mindesten vorbereitet zu sein scheint.

Die nun folgende, im Gesangbuch gestrichene Strophe stellte die Frage, wie ein Mensch für die Heilstat Christi hinreichend danken könne. Die Antwort ist das Dankgelübde der vierten und fünften Strophe: Ich will mich dir zum Eigentum verschreiben und dich nicht mehr aus meinem Herzen lassen; nie will ich vergessen, was du mir zugut getan hast.

Die letzten drei Strophen besingen den Segen, der für den Gläubigen aus Christi Leiden und Sterben quillt, und dessen Sinnbild das Blut Christi ist. Es soll im Streit mein Schutz, in Traurigkeit mein Lachen, in Fröhlichkeit mein Saitenspiel, im Hunger mein Brot und im Durst mein Wasserquell sein. Die letzte Strophe mit den Zeilen:

Wenn endlich ich soll treten ein
  in deines Reiches Freuden,
so soll dein Blut mein Purpur sein,
  ich will mich darein kleiden . . .

tönt wie ein Vorklang des geprägten Wortes von Graf Zinzendorf: »Christi Blut und Gerechtigkeit, das ist mein Schmuck und Ehrenkleid, damit will ich vor Gott bestehn, wenn ich zum Himmel werd eingehn«, wie es andererseits durch das Zwiegespräch zwischen Gottvater und Gottsohn in der Präexistenz ein Nachklang ist zu Martin Luthers Lied: »Nun freut euch, lieben Christen gmein«.

Die Weise von Wolfgang Dachstein ist trotz ihrer Länge ein großartiges Melodiegebilde, und, wenngleich nicht für dieses Passionslied geschaffen, vermählt es sich mit Gerhardts Worten in vollkommener Weise, wie man besonders in der dritten Strophe erkennen kann.

AN DAS ANGESICHT DES HERRN JESU

EKG 63

O Haupt voll Blut und Wunden,
voll Schmerz und voller Hohn,
o Haupt, zum Spott gebunden
mit einer Dornenkron,
o Haupt, sonst schön gezieret
mit höchster Ehr und Zier,
jetzt aber hoch schimpfieret:
gegrüßet seist du mir!

Das ist das berühmteste Lied Paul Gerhardts, und diese Einstufung besteht zu Recht; denn dem Dichter ist hier ein Kunstwerk von solcher Schönheit und Aussagekraft gelungen, daß man nicht glauben möchte, daß dieses Lied keine Originaldichtung, sondern die Übertragung einer mittelalterlichen lateinischen Vorlage darstellt. Und doch ist es so.

In einer seiner Predigten über das Hohelied Salomos sagt Bernhard von Clairvaux: »Laßt uns zuerst zu den Füßen des Herrn niederfallen, der uns geschaffen hat, und beweinen, was wir getan haben. Dann laßt uns die Hand dessen suchen, der unsere matten Knie stützt und stärkt. Haben wir das unter Gebet und Tränen erlangt, dann wagen wir vielleicht unser Haupt zum Mund der Herrlichkeit zu erheben, um ihn – ich sage es mit Furcht und Zittern – nicht nur zu betrachten, sondern zu küssen.« Aus solchen Betrachtungen erwuchsen in dem von Bernhard gegründeten Zisterzienserorden die Andachten zu den Gliedmaßen des Herrn hervor. Im Gebet vor dem Bild des Gekreuzigten betrachtete der Andächtige die Gliedmaßen des Herrn und suchte zu erfassen, was sie uns für unser Heil zu sagen haben. So entstanden schließlich die sieben fünfstrophigen lateinischen Lieder, die unter dem Titel ›*Passionssalve*‹ seit dem hohen Mittelalter bekannt waren und ihren Namen dem Umstand verdankten, daß alle fünf Lieder mit dem Wort ›*Salve*‹, zu deutsch ›Sei gegrüßt‹ begannen. Man schrieb sie lange dem heiligen Bernhard zu, von dem der Anstoß zu dieser Jesusmystik ausgegangen war. Heute weiß man, daß sie auf seinen Schüler Arnulf von Löwen zurückgehen, der um 1250 in der belgischen Zisterzienserabtei Villers gestorben ist.

Die Lieder sind an die Hände, die Füße, die Knie, an die Seite, an die Brust, an das Herz und an das Haupt des Erlösers gerichtet. Während die alten kirchlichen Passionshymnen das Leiden des Herrn beschreiben und in der Empfindung verhalten klingen, ist das Passionssalve ganz und gar subjektiv gehalten; in ihm singt nicht die Kirche, sondern die gläubige Seele, die in einem leidenschaftlichen Mitleiden das am Kreuz vollbrachte Heil sich anzueignen bestrebt ist, eine Art der Frömmigkeit, wie sie im hohen Mittelalter geübt wurde, wie sie sich aber zu Paul Gerhardts Zeit auch im reformatorischen Bereich vorbereitete und dann im Pietismus und besonders in der Brüdergemeine entfaltete. Die Salvelieder waren auch in der lutherischen Kirche hoch geschätzt, gingen in mancherlei Übertragungen in die Erbauungsbücher ein und haben die Andacht unter dem Kreuz mitgeprägt. Gerhardt hat sie schon in Grimma kennen und lieben gelernt.

In seinem Lied folgt er dem fünften Salvegesang, der, an das Haupt des Heilandes gewendet, den Höhepunkt der ganzen Reihe bildet und das Antlitz des Erlösers zeichnet: voller Wunden, bespien, geschlagen, blutbesudelt, dornengekrönt. Christian Karl Josias von Bunsen faßt den Inhalt des Liedes in die Worte: »Der Glaubende stellt sich im Geist unter das Kreuz des leidenden Erlösers, und es ergreift ihn bei diesem niederdrückendsten und erhebendsten Anblick der Weltgeschichte das Gefühl der zwiefachen persönlichen Beziehung zu ihm: er erkennt und fühlt sich schuldig der menschlichen Sünde, die den Herrn ans Kreuz gebracht, aber auch teilhaftig der Gnade, die von dem ewigen Opfer Christi für die ganze Welt geflossen; er fühlt, daß unter dem Kreuz der rechte Platz für die Christen ist, und bittet um die Gnade, in der Betrachtung dieses Anblicks zu bleiben, vornehmlich an seinem Ende, in der eigenen Todesnot.«

Der Dichter bildet aus jeder der fünf zehnzeiligen lateinischen Strophen zwei achtzeilige deutsche sogenannte Nibelungenstrophen und überträgt die Vorlage nicht allein sprachlich ins Deutsche, sondern übersetzt sie auch geistlich, so daß sein Lied dem von der reformatorischen Erkenntnis geprägten Christen als Gebet unter dem Kreuz dienen kann. Eine Einschränkung wird man vermutlich doch gelten lassen müssen: die sinnliche Seite des Leidens Christi: Angst, Wunden, Striemen und blutiger Schweiß werden als Erscheinungen des stellvertretenden Opfers Christi gedeutet, nicht aber als Zeichen der umfassenden Versöhnung. Die Ungeheuerlichkeit des Opfers Christi wird nicht allein durch die Furchtbarkeit seines Sterbens bestimmt, sondern auch und noch viel mehr dadurch, daß er als Sohn des Vaters willig, gehorsam, unschuldig in Menschengestalt gelitten und die große Versöhnung gebracht hat.

Ein Kleinod stellt die letzte Strophe des Liedes dar. Sie ist an ungezählten Sterbebetten gebetet worden und wird dort immer wieder gebetet werden. Ungezählte sind heimgegangen, getröstet und gestärkt von des Dichters Worten:

Erscheine mir zum Schilde,
zum Trost in meinem Tod
und laß mich sehn dein Bilde
in deiner Kreuzesnot.
Da will ich nach dir blicken,
da will ich glaubensvoll
dich fest an mein Herz drücken.
Wer so stirbt, der stirbt wohl.

Es bedeutet keine Minderung der Bewertung dieser Strophe, wenn wir erkennen, daß in ihr ein Wort des Valerius Herberger aus seinem Lied »Valet will ich dir geben« anklingt:

Erschein mir in dem Bilde
zu Trost in meiner Not,
wie du, Herr Christ, so milde
dich hast geblut' zu Tod.

In der letzten Verszeile klingt die Erinnerung nach an das Wort Martin Luthers, das er, vom Begräbnis seines vielgeliebten Töchterleins Lenchen heimkehrend, zu Philipp Melanchthon sagte: »Wenn das Kind sollte wieder lebendig werden und mir das ganze türkische Reich einbringen, so wollt ich's nicht annehmen. Oh, wer so stirbt, der stirbt wohl. Selig sind die Toten, die in dem Herrn sterben.« Das Kind hatte auf die Frage des Vaters: »Du bleibest gern hier bei deinem Vater und ziehest gern zu jenem Vater?« geantwortet: »Ja, herzer Vater, wie Gott will.«

Die Melodie, mit der unser Lied unlöslich verbunden ist, taucht erstmals im Jahr 1601 als Diskantstimme in einem fünfstimmigen Satz des Nürnberger Tonsetzers Hans Leo Haßler zu einem weltlichen Lied auf. 1613 wurde der Weise der Text unterlegt:

Herzlich tut mich verlangen
nach einem selgen End.

Johann Crüger hat sie unserer Dichtung zugeordnet, mit der sie verbunden geblieben ist bis auf den heutigen Tag. Ihr Charakter ist bestimmt durch ihre Beheimatung im phrygischen Tonraum, das ist die Tonreihe e–f–g–a–h–c–d–e, die der Weise die leidenschaftliche Bewegung verleiht, vor allem im Abwärtsgesang, ferner durch den regelmäßigen Wechsel zwischen tief- und hochliegenden Melodiezeilen und durch die eigenartige Umbiegung der fallenden Bewegung nach oben. Das ergibt keine zielstrebig fortschreitende Linie, viel eher ein betrachtendes Verweilen und eine Bewegung nach innen, wie sie dem Text in erstaunlicher Weise entspricht.

O WELT, SIEH HIER DEIN LEBEN

EKG 64

O Welt, sieh hier dein Leben
am Stamm des Kreuzes schweben,
  dein Heil sinkt in den Tod.
Der große Fürst der Ehren
läßt willig sich beschweren
  mit Schlägen, Hohn und großem Spott.

Dieses Gedicht ist gegen Ende des großen Krieges entstanden, als Gräfenhainichen, des Dichters Heimatort, schon lange niedergebrannt und auch sein Vaterhaus in Schutt und Asche gesunken war, als das Elend seinen Gipfel erreicht hatte und die Menschen am Hunger und an der Pest dahinsanken wie die Fliegen im Herbst. Damals muß der Grabgesang weit verbreitet gewesen und oft gesungen worden sein:

O Welt, ich muß dich lassen,
ich fahr dahin mein Straßen
  ins ewig Vaterland . . .

Nach dem Versmaß dieses Liedes und zu seiner Melodie hat Paul Gerhardt sein Gedicht geschaffen. Es gewinnt seine innere Größe in den Strophen, in denen er sich selbst anklagt und seine Schuld bekennt:

Ich, ich und meine Sünden,
die sich wie Körnlein finden
  des Sandes an dem Meer,

die haben dir erreget
das Elend, das dich schläget,
   und das betrübte Marterheer.

Johann Sebastian Bach läßt in der Matthäuspassion die Frage der Jünger: »Herr, bin ich's?« mit einer Strophe unseres Liedes beantworten:

Ich bins, ich sollte büßen
an Händen und an Füßen
   gebunden in der Höll;
die Geißeln und die Banden
und was du ausgestanden,
   das hat verdienet meine Seel.

Das Lied hatte ursprünglich sechzehn Strophen; die achte ist im Kirchengesangbuch sprachlicher Schwierigkeiten wegen gestrichen, obwohl sie den Höhepunkt des Gedichtes darstellt und ein kühnes Bild bringt, das wert ist, mitgeteilt zu werden:

Du springst in Todes Rachen,
mich frei und los zu machen
   von solchem Ungeheur.
Mein Sterben nimmst du abe,
vergräbst es in dem Grabe,
   o unerhörtes Liebesfeur!

Hinter dieser Strophe darf man das Wort des Propheten Jesaja im fünften Kapitel vermuten: »Das Totenreich hat den Schlund weit aufgesperrt und den Rachen aufgetan ohne Maß, daß hinunterfährt, was da prangt und lärmt, alle Übermütigen und Fröhlichen.« Der Ausruf: »O unerhörtes Liebesfeur!« ist die Mitte des Liedes und nennt den Quellgrund des ganzen Passionsgeschehens.

Das Lied ist einfach gegliedert; die erste Hälfte besingt Christi Leiden, seine Ursache und seine Frucht; die zweite Hälfte enthält das Dankgelübde. Man hat auch die Worte aus der Schlußstrophe des Liedes »Christus, der uns selig macht« als Teilüberschriften verwendet; für die erste Hälfte: »Deinen Tod und sein Ursach fruchtbarlich bedenken«; für die zweite Hälfte: »Dafür, wiewohl arm und schwach, dir Dankopfer schenken.«

Das Dankgelübde ist in der Erkenntnis entworfen, daß der Mensch nicht viel vermag, um Christus zu danken; es bleibt nur zweierlei: Mit Christus verbunden bleiben und seine Passion vor Augen behalten als ein Siegel der göttlichen Liebe. Aus dem »Studium« des Kreuzes erwächst dem Dichter die Frage: Das tust du für mich. Was tu ich für dich? Die Antwort ist eine Fülle guter Vorsätze, ein Aufzeigen der Möglichkeiten für den Willigen, der auf die göttliche Hilfe vertraut und festhält, daß aus der Passion des Herrn Frucht für sein eigenes Leben erwachsen soll: er will sich in der Sanftmut, in der Feindesliebe, im Ertragen von Unrecht und in der Vergebungsbereitschaft üben und allem absagen, was dem Herrn mißfällt; so kommt es zu dem zehnfachen: ich will, ich soll.

Dem Lied ist von Anfang an die Weise zugeordnet, die erstmals in einem vierstimmigen Satz des Heinrich Isaac zu dem berühmten Innsbrucklied auftaucht:

Innsbruck, ich muß dich lassen,
ich fahr dahin mein Straßen
   in fremde Land dahin . . .

Sie ist ein hervorragendes Kunstwerk, das sich mit seinen weitgeschwungenen Melodiebögen und seinem verhaltenen Abschiedsweh den Worten Paul Gerhardts eng verbindet.

AUF, AUF, MEIN HERZ, MIT FREUDEN

EKG 86

Auf, auf, mein Herz, mit Freuden
nimm wahr, was heut geschicht!
Wie kommt nach großen Leiden
nun ein so großes Licht!
Mein Heiland war gelegt
da, wo man uns hinträgt,
wenn von uns unser Geist
gen Himmel ist gereist.

In den Liedern des Reformationsjahrhunderts wird man vergeblich eine Strophe suchen, die das eigene Herz anredet und auffordert, mit Freuden die Osterbotschaft wahrzunehmen. So wird schon in den ersten Verszeilen deutlich, daß der Dichter nicht mehr wie die Väter der Reformation vor ihm die Gemeinde in die bergende Gemeinschaft der Kirche hineinstellt und mit ihr Gott für seine Wundertat dankt und seine Geheimnisse rühmt, sondern daß er das Schwergewicht auf die persönliche Aneignung der Heilstatsachen und auf die persönliche Glaubenserfahrung verlegt. Dennoch: das persönliche Bekenntnis des Dichters, der Jubel und Schwung der Weise rührt uns an und reißt uns mit, so daß uns dieses Lied zu eigen wird. Das ist die Erfahrung aus mancher Feier der Osternacht.

Eine einzige Strophe benötigt Paul Gerhardt, um die Osterbotschaft auszurufen, und diese Strophe ist der Höhepunkt des Liedes. In dem Ruf »Viktoria«, zu deutsch »Sieg« klingen alle Siegesverheißungen mit: »Deine Hand wird siegen über deine Widersacher« (Micha 5); »er siegt mit seiner Rechten und mit seinem heiligen Arm« (Ps. 98); »man singt mit Freuden vom Sieg in den Hütten der Gerechten« (Ps. 118) bis zu dem Wort des Apostels Paulus: »Der Tod ist verschlungen in den Sieg. Gott sei Dank, der uns den Sieg gegeben hat durch unsern Herrn Jesus Christus.«

Das Lied schreitet in einem siegesgewissen, trotzig kühnen Mut einher, wie er sich kräftiger selbst in den Liedern der ersten Generation der Reformation kaum findet, nur mit dem Unterschied, daß es jetzt nicht mehr in einem alles umfassenden Sinn heißt: »Tod, Sünd, Leben und Genad, alls in Händen er hat. Er kann erretten alle, die zu ihm treten . . .«, sondern daß das Heilsgeschehen auf den einzelnen Christen bezogen ist: »Nun soll mir nicht grauen; die Hölle krümmt mir kein Haar; ich achte den Tod für nichts.« Wer das Lied kennt und liebt, der hat gewiß die sechste Strophe besonders ins Herz geschlossen:

Ich hang und bleib auch hangen
  an Christo als ein Glied;
wo mein Haupt durch ist gangen,
  da nimmt er mich auch mit.
Er reißet durch den Tod,
  durch Welt, durch Sünd, durch Not,
er reißet durch die Höll,
  ich bin stets sein Gesell.

Hinter dieser Strophe steht das biblische Bild vom Leib Christi. Vom Apostel Paulus her sind wir unterwiesen, die Gemeinde als den Leib Christi zu begreifen: »Also sind wir viele ein Leib in Christus« (Röm. 12, 5). »Ihr seid der Leib Christi« (1. Kor. 12, 27). Im vierten Kapitel des Epheserbriefes wird gesagt: Durch Apostel, Propheten, Evangelisten, Hirten und Lehrer sollen die Heiligen zugerüstet werden, damit der Leib Christi erbaut werde, und im gleichen Brief sagt der Apostel: »Gott hat alle Dinge unter Christi Füße getan und hat ihn gesetzt zum Haupt der Gemeinde, welche ist sein Leib.« Hier wird das Bild gesprengt: Die Gemeinde ist der Leib Christi – und zugleich: Christus ist das Haupt dieses Leibes. Paul Gerhardt läßt Kirche und Gemeinde ganz außer Betracht. Er weiß sich als ein Glied an dem Leib, dessen Haupt Christus ist, wie vor ihm schon Nikolaus Herman: »Ich bin ein Glied an deinem Leib, des tröst ich mich von Herzen; von dir ich ungeschieden bleib in Todesnot und Schmerzen«, und auch Philipp Nicolai: ». . . daß ich, o Herr, ein Gliedmaß bleib an deinem auserwählten Leib, ein Zweig an deinem Stamme.«

Unerhört anschaulich ist die letzte Strophe mit dem Bild von der Himmelspforte und dem Reim in güldnen Worten. Gemeint ist das Wort des Völkerapostels an seinen Lieblingsschüler Timotheus: »Sind wir mit gestorben, so werden wir mit leben« (2. Tim. 2, 11).

EIN PFINGSTLIED

EKG 105

Zeuch ein zu deinen Toren,
sei meines Herzens Gast,
der du, da ich geboren,
mich neu geboren hast,
o hochgeliebter Geist
des Vaters und des Sohnes,
mit beiden gleichen Thrones,
mit beiden gleich gepreist.

Paul Gerhardts Pfingstgesang ist kein Jubellied wie »Jauchz, Erd, und Himmel, juble hell«, wohl aber ein Lied vom Heiligen Geist und ein Betlied zu ihm, das immer wieder angestimmt werden kann, es sei Pfingsten oder nicht. Wann hätten wir den Heiligen Geist nicht nötig? Nicht von ungefähr begann in den lutherischen Landen der Gottesdienst vielerorts stets mit dem Gesang:

»Komm, Heiliger Geist, erfüll die Herzen deiner Gläubigen und entzünd in ihnen das Feuer deiner göttlichen Liebe.«

Die beiden Eingangsstrophen nehmen den uralten Pfingstruf: »Komm, Heiliger Geist« auf und verbinden ihn durch die Eingangsworte mit der Liturgie des Tempeleinzugs, wie sie uns im 24. Psalm vorliegt: »Machet die Tore weit und die Türen in der Welt hoch, daß der König der Ehren einziehe!« Schon in der ersten Strophe hat Paul Gerhardt auf die heilige Taufe mit den Worten angespielt: »Der du, da ich geboren, mich neu geboren hast.« Sie ist für Gerhardt die Grundlage für alles Reden von Pfingsten und vom Heiligen Geist. Nun macht er die ganze dritte Strophe zu einem Taufgedächtnis und beschreibt die umwandelnde Wirkung der Taufe als ein Werk des Heiligen Geistes, das uns das Opfer Christi zuwendet:

Ich war ein wilder Reben,
du hast mich gut gemacht;
der Tod durchdrang mein Leben,
du hast ihn umgebracht
und in der Tauf erstickt
als wie in einer Flute
mit dessen Tod und Blute,
der uns im Tod erquickt.

Es folgen vier Strophen, angefüllt mit Aussagen über den Heiligen Geist. Aus der Fülle der Schrift und der Lehre der Kirche wird er dargestellt als das heilige Salböl, als der Lehrer des Gebets, als der Spender des Trostes und der Freude, als die Quelle der Liebe und des Friedens. Das Salböl ist im Alten Testament im Zusammenhang mit der Salbung, die Erwählung zum Werkzeug und Eigentum Gottes bedeutet, das Zeichen des göttlichen Wohlgefallens und der Stärkung für das Werk, zu dem der Gesalbte berufen ist. Die zweite Aussage bezieht sich auf das Wort aus dem achten Kapitel des Römerbriefs: »Der Geist hilft unserer Schwachheit auf; denn wir wissen nicht, was wir beten sollen, sondern der Geist selbst vertritt uns mit unaussprechlichem Seufzen.« Die dritte und vierte Aussage vom Freuden- und Trostbringer und von der Quelle der Liebe und des Friedens darf sich auf das Schriftwort stützen: »Die Frucht aber des Geistes ist Liebe, Freude, Friede . . .« (Gal. 5, 22).

Was der Dichter über das Wesen und Wirken des Heiligen Geistes aussagt, das klingt an keiner Stelle lehrhaft im Sinn dogmatischer Unterweisung, weil er immer wieder darlegt, was dieses Wirken für das Heil der Gläubigen bedeutet. So wird sein Lied in der ersten Hälfte zu einem Dank- und Lobopfer.

Daran schließen sich die Bittstrophen an. Was ist der Inhalt der Bitten, und wem gelten sie? Der Dichter bittet für die Jungen und Alten, für die Familie, für Volk und Land und für die ganze weite Welt. Er bittet: Wehre dem Herzeleid auf Erden und heile die Wunden des Krieges; beschirm die Obrigkeit und richte das Recht wieder auf; stärke den Glauben und wehre dem bösen Feind; gib Freudigkeit und Stärke und hilf ritterlich kämpfen; und zum Schluß:

Richt unser ganzes Leben
allzeit nach deinem Sinn,
und wenn wirs sollen geben
ins Todes Rachen hin,
wenns mit uns hier wird aus,
so hilf uns fröhlich sterben
und nach dem Tod ererben
des ewgen Lebens Haus.

Die Melodie von Johann Crüger ist ein erstaunliches

Kunstwerk. Ihr Ablauf auf kleinem Raum mit geringen Mitteln ist bewundernswert. Und wie die Weise nach den Dehnungen des Anfangs in Schwung kommt! Man übersehe nicht, daß die Halbenote Zähleinheit ist!

TROSTGESANG CHRISTLICHER EHELEUTE

EKG 172

Wie schön ist's doch, Herr Jesu Christ,
im Stande, da dein Segen ist,
im Stande heilger Ehe!
Wie steigt und neigt sich deine Gab
und alles Gut so mild herab
aus deiner heilgen Höhe,
wenn sich
an dich
fleißig halten
Jung und Alten,
die im Orden
eines Lebens einig worden.

Dieses Ehestandslied ist nach dem Strophenschema des Morgensternliedes gedichtet, das immer am zweiten Sonntag nach Epiphania gesungen wurde, wenn man über das Evangelium von der Hochzeit zu Kana predigte. Durch die Verknüpfung mit diesem Evangelium wurde das Morgensternlied zum Lied bei der Trauung, und zwar in so ausschließlichem Sinn, »daß manche Brautleute der abergläubischen Meinung waren, sie wären nicht recht copuliert, hätten auch kein Glück und keinen Segen in der Ehe zu erwarten, wenn ihnen nicht das Morgensternlied musiziert werde«. Diesem Umstand hat der Dichter Rechnung getragen, indem er sein Lied in der äußeren Gestalt dem Morgensternlied anglich.

Als Paul Gerhardt um 1642 von Wittenberg nach Berlin übersiedelte, nahm er eine Stellung als Erzieher in dem Hause des Kammergerichtsadvokaten Andreas Berthold an. Ein Jahr später vermählte sich dessen älteste Tochter mit dem Archidiakonus Joachim Fromm. Der Sitte der Zeit gemäß ehrte Paul Gerhardt das Brautpaar mit einem Gedicht, unserm Lied, dem er die Überschrift gab: »Trostgesang christlicher Eheleute.« Hermann Petrich sagt in seinem Werk über Paul Gerhardt: »Der das deutsche 17. Jahrhundert beherrschende und rettende Familiensinn hat in Paul Gerhardt seinen gemütvollsten Sänger gefunden, und die von der Sitte der Zeit geforderte Gelegenheitsdichtung ist durch ihn über sich selbst hinausgehoben worden, indem er den beengenden Geschmack des Einzelfalles in die allgemein religiös-sittliche Wahrheit versinken läßt. Daß die göttliche Ehestiftung sich in jedem christlichen Ehepaar wiederholt, daß die eheliche Liebe und Treue jede andere übertrifft, daß in der christlichen Ehe den christlichen Tugenden ein fruchtbares Gartenbeet gegeben ist, das sind die Grundgedanken seiner Ehestandslieder.«

Der Kirchenliedforscher Wilhelm Nelle war der Meinung, das Lied könne bei einer Hochzeitsfeier nicht angestimmt werden, vielmehr sei es das klassische Lied der Silberhochzeit, zumal wenn es von einem Chor der Söhne und Töchter des Jubelpaares vorgetragen werde. Ihm schien es offenbar nicht angebracht, bei der grünen Hochzeit auch nur entfernt dem Gedanken an Zeugung und Kindersegen Raum zu geben und also von der Ehefrau und Mutter als von einem fruchtbaren Weinstock zu singen, der seine Träublein trage und nähre, während sich Paul Gerhardt gerade an dieser Stelle auf den Psalm 128 stützt: »Dein Weib wird sein wie ein fruchtbarer Weinstock drinnen in deinem Hause, deine Kinder wie junge Ölbäume um deinen Tisch her. Siehe, so wird gesegnet der Mann, der den Herrn fürchtet.« Auch das Wort aus dem Psalm 127 gehört hierher: »Siehe, Kinder sind eine Gabe Gottes, und Leibesfrucht ist ein Geschenk.« Der Mensch hat keine Ursache, sich seiner Kreatürlichkeit zu schämen, die er von Gott empfangen hat, und die Geschlechtlichkeit in der Ehe ist keine Sache, die man vor Gott verbergen, sondern vor ihm verantworten muß.

Paul Gerhardt nennt die Ehe einen Orden, einen von Gott geheiligten Stand. Das ist seine in der Schrift begründete Überzeugung, die durch sein Lied klingt. Vielleicht müssen wir heute die vierte Strophe übergehen, nicht aber soll verlorengehen das Ehrenlobsträußchen, das Paul Gerhardt der Ehefrau und Hausmutter gebunden hat:

Wohl dir,
o Zier,
Mannes Sonne,
Hauses Wonne,
Ehrenkrone!
Gott denkt dein bei seinem Throne.

Der Dichter verschweigt nicht, daß Freud und Trauer, Glück und Leid auch in der Ehe beieinander wohnen; aber er rät, alles aus Gottes Hand zu nehmen, der der beste Freund und Rater bleibt, und das Vertrauen festzuhalten, daß er alles zum besten lenken wird:

Anfang,
Ausgang
aller Sachen,
die zu machen
wir gedenken,
wird er wohl und weislich lenken.

DER 85. PSALM

EKG 185

Herr, der du gnädig gewesen bist deinem Lande
und hast erlöst die Gefangenen Jakobs;
der du die Missetat vergeben hast deinem Volk
und alle seine Sünde bedeckt hast;
der du all deinen Zorn hast fahren lassen
und dich abgewandt von der Glut deines Zorns:
hilf uns, Gott, unser Heiland,
und laß ab von deiner Ungnade über uns!
Willst du denn ewiglich über uns zürnen
und deinen Zorn walten lassen für und für?
Willst du uns denn nicht wieder erquicken,
daß dein Volk sich über dich freuen kann?
Herr, erweise uns deine Gnade
und gib uns dein Heil!

Das ist die erste Hälfte des Psalms 85, der Klagechor der Gemeinde, die, zurückgekehrt aus der Gefangenschaft, auf die erfahrene Treue und Durchhilfe Gottes blickt und ihrer Enttäuschung über die armseligen, mühseligen Zustände in der alten Volksheimat Ausdruck gibt. Ihr antwortet der Seher, der das Heil verkündigt, das er aus der Stimme Gottes vernimmt:

Ich will hören,
was Gott der Herr redet.
Er sagt Frieden zu seinem Volk und seinen Heiligen,
damit sie nicht in Torheit geraten.
Seine Hilfe ist nahe denen, die ihn fürchten,
daß in unserm Land Ehre wohne;
daß Güte und Treue einander begegnen,
Gerechtigkeit und Friede sich küssen;
daß Treue auf der Erde wachse
und Gerechtigkeit vom Himmel schaue,

daß uns auch der Herr Gutes tue,
und unser Land seine Frucht gebe;
daß Gerechtigkeit vor ihm her gehe
und seinen Schritten folge.

»Der dramatische Aufbau mit Rede und Gegenrede entspricht der inneren Spannung, die dem Gebet, erst recht dem gottesdienstlichen Geschehen immer innewohnt und in dem responsorischen Wechselgesang einen liturgischen Ausdruck findet.« (Wilhelm Stählin)

Der Psalm wurde in der Notzeit des Dreißigjährigen Krieges viel gebetet, vor allem auch im Gottesdienst an den allgemeinen Bußtagen. Kein Wunder, daß er auch in Reime gesetzt wurde, damit man ihn wie ein Kirchenlied singen könne. Von Cornelius Becker und Cyriakus Schneegaß waren solche Bereimungen verbreitet. In den letzten Jahren des großen Krieges hat Paul Gerhardt sein Lied über diesen Psalm gedichtet:

Herr, der du vormals hast dein Land
mit Gnaden angeblicket
und des gefangnen Volkes Band
gelöst und es erquicket,
der du die Sünd und Missetat,
die es zuvor begangen hat,
hast väterlich verziehen,

willst du, o Vater, uns denn nicht
nun einmal wieder laben,
und sollen wir an deinem Licht
nicht wieder Freude haben?
Ach gieß aus deines Himmels Haus,
Herr, deine Güt und Segen aus
auf uns und unsre Häuser.

Es ist das unbekannteste Lied Paul Gerhardts im Kirchengesangbuch. Ich kann mich nicht entsinnen, daß ich's einmal zu spielen gehabt oder mit der Gemeinde gesungen hätte. Warum ist das so? Das Lied ist noch im Krieg, in Jammer, Elend und Not angestimmt und bittet, daß der Krieg mit seinem Unglück und Elend ein Ende nehmen möchte. Wir haben »Frieden« und leben im »Wohlstand«; das Lied paßt offenbar nicht in unsere Zeit; wir haben es nicht nötig, um Änderung der Zeitumstände zu bitten und Gottes Segen auf uns herabzuflehen.

Wirklich? – Wer die erste Strophe mit Bedacht überdenkt, muß gestehen: Das gilt für uns so gut, wie einst der Psalm für Israel gegolten hat, und an Sünd und Missetat ist kein Mangel; für Gottes verzeihende Güte gilt es zu danken. Wir haben Frieden, aber die Welt hat ihn nicht. Beten wir nicht um den Frieden der Welt und daß das Blutvergießen aufhören möge, damit die Wunden, die er geschlagen hat, heilen können? Warum sollte die Gemeinde diese Bitte nicht einmal mit der dritten Strophe des Liedes aufnehmen:

Ach, daß uns doch Gott sagte zu
des Krieges Schluß, der Waffen Ruh
und alles Unglücks Ende!

Der Psalm 85 ist dem dritten Sonntag im Advent und dem drittletzten Sonntag des Kirchenjahres als Eingangspsalm zugeordnet. Im Advent verbindet sich die zweite Hälfte des Psalms, die Zusage der Hilfe des Herrn, mit dem Bericht von dem im Gefängnis angefochtenen Täufer und dem Trost, der ihm von Jesus zukommt. Am Ende des Kirchenjahres verbindet sich die erste Hälfte des Psalms, das Klagelied der Gemeinde und ihre Bitte: »Hilf uns, Gott, unser Heiland, und laß ab von deiner Ungnade über uns« mit dem Evangelium von den letzten Drangsalen, die die Gemeinde zu überstehen hat, und mit der Mahnung: »Wer beharret bis ans Ende, der wird gerettet.«

Die Dramatik der Rede und Gegenrede ist im Lied leider

etwas verwischt; doch kann man immer aufteilen zwischen den ersten vier und den folgenden Strophen, und die erste Hälfte einem Chor, die zweite der Gemeinde zuweisen. Kann man das Lied nur in Kriegszeiten singen? Ist nicht immer irgendwo in der Welt Krieg, Not, Elend? Ist es heute noch statthaft, nur an sich und das eigene Volk zu denken? Sind wir nicht zur weltweiten Fürbitte aufgerufen? Nicht für uns nur, für alle Menschen soll gelten, was der Dichter wie eine Vision uns vor Augen stellt:

Die Güt und Treue werden schön
  einander grüßen müssen;
Gerechtigkeit wird einhergehn,
  und Friede wird sie küssen.
Die Treue wird mit Lust und Freud
  auf Erden blühn; Gerechtigkeit
  wird von dem Himmel schauen.

DER 146. PSALM

EKG 197

Du meine Seele, singe,
wohlauf und singe schön
dem, welchem alle Dinge
zu Dienst und Willen stehn.
  Ich will den Herren droben
hier preisen auf der Erd;
ich will ihn herzlich loben,
solang ich leben werd.

Unter den rund einhundertdreißig geistlichen Liedern Paul Gerhardts finden sich siebenundzwanzig Psalmlieder. Doch stellt sich der Dichter nicht wie vor ihm Cornelius Becker und vor allem Ambrosius Lobwasser die Aufgabe, den Psalm möglichst wortgetreu in Reime zu bringen, um ihn dadurch wie ein Lied sangbar zu machen. Er war Lutheraner, und das lutherische Bekenntnis räumte dem künstlerischen Vermögen eine freie Bewegung ein und verlegte den Schwerpunkt von den Worten in die Gedanken und die sinngemäße Aussage, während der reformierte Grundsatz vom unbedingten Vorrang des biblischen Wortes zunächst jedes Kunstziel bei der Psalmenübertragung ausschloß und der Sprache in nicht seltenen Fällen Gewalt antat. Unter Gerhardts Hand wird der Psalm zu einer eigenständigen Dichtung, die in ihrer Aussage trotzdem erstaunlich dicht am Psalm bleibt.

Sein Lied über den Psalm 146 ist dafür ein ausgezeichnetes Beispiel. Auf den ersten Blick scheint es, als sei der Dichter sehr frei mit der Vorlage umgegangen und habe den dritten und vierten Psalmvers einfach übergangen, weil sie ihm für den Jubelgesang, der ihm vorschweben mochte, als ungeeignet erschienen. Dieser Eindruck trügt. Wohl hat der Dichter bisweilen Psalmverse, die ihm zu alttestamentlich vorkamen und Christus nicht zu »treiben« schienen, nicht berücksichtigt; aber hier lag dieser Grund nicht vor. Das Lied hatte ursprünglich zehn Strophen, und jede entsprach einem Psalmvers.

Verlasset euch nicht auf Fürsten;
sie sind Menschen, die können ja nicht helfen.«

Das heißt bei Paul Gerhardt:

Ihr Menschen, laßt euch lehren,
es wird euch nützlich sein:
laßt euch doch nicht betören
die Welt mit ihrem Schein.
  Verlasse sich ja keiner
auf Fürstenmacht und -gunst,
weil sie wie unsereiner
nichts sind als nur ein Dunst.

»Denn des Menschen Geist muß davon, und er muß wieder zu Erde werden; dann sind verloren alle seine Pläne.« Dieser Vers wird vom Dichter mit diesen Worten wiedergegeben:

»Was Mensch ist, muß erblassen
und sinken in den Tod;
er muß den Geist auslassen,
selbst werden Erd und Kot.
Allda ist's dann geschehen
mit seinem klugen Rat,
und ist frei klar zu sehen,
wie schwach ist Menschentat.

Ohne Zweifel ist diese Kürzung berechtigt. Um Gott zu rühmen, bedarf es nicht erst der Gegenüberstellung von Gott und Mensch. Der Schöpfer Himmels und der Erde ist hoch erhaben über allem Irdischen, dem er sich dennoch liebend zuneigt. Seine Macht, seine Treue, seine Güte werden gerühmt; er hält sein Wort mit Freuden, er rettet in der Not, er reißt aus dem Tod; was er spricht, geschieht, er liebt die Frommen.

Ein unverzagtes und fröhliches Gottvertrauen, das sich auf die christlichen Heilstatsachen und auf persönliche Gnadenerfahrung gründet, gibt den Grundton des Liedes an. »Ohn all mein Verdienst und Würdigkeit«, dieses Lutherwort klingt in der Schlußstrophe auf, die viele Christen wie ein Losungswort immer wieder im Herzen bewegen, weil sie die Haltung der Demut des Menschen gegenüber seinem Schöpfer und seine Würde, die von Gott kommt, in eins zusammenfaßt:

Ach, ich bin viel zu wenig,
zu rühmen seinen Ruhm;
der Herr allein ist König,
ich eine welke Blum.

Jedoch weil ich gehöre
gen Zion in sein Zelt,
ists billig, daß ich mehre
sein Lob vor aller Welt.

Johann Georg Ebelings Weise entspricht dem Charakter des Liedes hervorragend.

LOBGESANG

EKG 230

Ich singe dir mit Herz und Mund,
Herr, meines Herzens Lust;
ich sing und mach auf Erden kund,
was mir von dir bewußt.

Als dieses Lied 1653 zum erstenmal gedruckt erschien, war der Dichter seit einem Jahr Propst von Mittenwald, südlich von Berlin in der weiten Niederung des wiesenreichen und fruchtbaren Nottetals gelegen, wo er »das schöne Himmelszelt« über sich hatte und durch die von Tau und Regen genetzten Felder und Wiesen schreiten konnte. Zum erstenmal hatte er ein eigenes Pfarramt zu verwalten, und die Freude am geistlichen Amt und das Bewußtsein, gebraucht zu werden und einen notwendigen Dienst zu versehen als Prediger und Seelsorger der Gemeinde und Berater der Amtsbrüder, muß sein Leben beflügelt und ihn froh gestimmt haben.

Unser Lied ist in der Anschaulichkeit der Worte und in der einfachen, aber gerafften Sprache ein Meisterstück. Vom Himmelszelt, vom Feld, von Tau und Regen, von Kälte und Frost, Öl und Most, von Leben und Geblüt, vom Brunnen der Gnade, von Tag und Nacht und von der

Wacht an unsrer Tür ist die Rede, lauter Bildworte, nirgends auch nur eine Spur eines gekünstelten Ausdrucks; Versmaß und Reim ergeben sich ungesucht und ungezwungen und wie nebenbei. Wer das Gedicht aufmerksam durchliest, erkennt seine Gliederung, die der Dichter aber zu verschleiern versteht. Das Lied besteht aus drei Stücken zu je sechs Strophen. Der erste Teil ist durch die Frage bestimmt: Wer bin ich? Die Antwort lautet: Ein armer, von Gott völlig abhängiger Mensch. Zum Beweis werden die reichen Gaben und Wohltaten Gottes genannt, von denen wir leben und ohne die das Leben nicht möglich ist. Der Dichter vermeidet eine lange Aufzählung dadurch, daß er zum Kunstmittel der Frage greift. Als Zusammenfassung des Anfangs kann man die zweite Strophe anführen:

Ich weiß, daß du der Brunn der Gnad
und ewge Quelle seist,
daraus uns allen früh und spat
viel Heil und Gutes fleußt.

Der mittlere Teil beantwortet die Frage: Wer ist Gott? Antwort: Der Schöpfer und Geber aller guten Gaben. Der Dichter redet mit seinem himmlischen Vater rühmend, lobend, dankend. Alles kommt von Gott; er behütet uns, er nährt uns, er straft mit Güte und vergibt die Schuld, er tröstet die Bekümmerten. Die zwölfte Strophe faßt das alles in die Worte zusammen:

Du füllst des Lebens Mangel aus
mit dem, was ewig steht,
und führst uns in des Himmels Haus,
wenn uns die Erd entgeht.

Im dritten Teil des Liedes wird die Frage gestellt und beantwortet: O Herz, was grämst du dich! Des Menschen Herz ist ein verzagtes Ding; das weiß der Dichter, darum ruft er ihm zu: Singe und springe und habe guten Mut! Gott ist dein Schirm und Schild, dein Hilf und Heil.

Wieder greift er zu der eindringlichen Frageform: Hat er dich nicht von Jugend auf geführt und versorgt? Hat er nicht manches Unglück von dir abgewehrt? Wozu grämst du dich also? »Nimm deine Sorg und wirf sie hin auf den, der dich gemacht. Ei nun, so laß ihn ferner tun und red ihm nicht darein, so wirst du hier in Frieden ruhn und ewig fröhlich sein.«

Auch dieses kindlich frohe, aussagekräftige und dichterisch hochwertige Lied ist mit andern reformatorischen Liedern in der Zeit der Aufklärung aus den Gesangbüchern gestrichen worden. Der Zeitgeist konnte die Abhängigkeit des Menschen von Gott nicht dulden. Johann Joachim Winckelmann, der Kunstgelehrte und Begründer der deutschen Kunstwissenschaft und klassischen Archäologie, mit dessen epochemachenden Gedanken sich Goethe eingehend beschäftigt und dessen Leben er dargestellt hat, kannte unser Lied aus seiner Jugendzeit, in der er es als Kurrendeknabe in seiner Heimat Stendal gesungen hatte. Es blieb sein Lieblingslied, auch nachdem er sich in Rom dem Katholizismus zugewandt hatte. In stillen Stunden, fern der Heimat, kam es ihm immer wieder in den Sinn. Er ging in Gedanken den Strophen entlang, summte sie vor sich hin und erquickte sich daran. Doch brachte er die achtzehn Strophen nicht mehr alle zusammen; das quälte ihn und ließ ihm keine Ruhe. Schließlich wandte er sich an seinen Freund, den Professor Heyne in Göttingen, und bat ihn um die Zusendung eines evangelischen Kirchengesangbuches. Er war schmerzlich enttäuscht, als er in dem ihm zugestellten Hannoverschen Gesangbuch von 1740 sein Lieblingslied vergeblich suchte. Er schreibt an den Freund: »Warum finde ich in dem Hannoverschen Gesangbuch mein Leiblied ›Ich singe dir mit Herz und Mund‹ nicht? Lassen Sie diesen Mangel als eine Beschwerde von mir an das Konsistorium gelangen. Ich habe dieses Buch mit Müh und Not aus Deutschland nach Rom kommen lassen und werde gezwungen, mir ein anderes

Gesangbuch zu besorgen. Es muß eine Ketzerei dahinter sein, die verdient Ahndung.«

Johannes Kullen, der Vorsteher der Mädchenschule in Korntal in Württemberg, bewegte unser Lied oft im Herzen. Als seine letzte, langwierige und schmerzensreiche Krankheit ihn niedergeworfen hatte, war er mit Gottes Wegen bald im reinen. Die himmlische Rechenkunst, die er anwandte, führte ihn zu der Erkenntnis: Wenn ich fünfzig Streiche verdient habe, so verabreicht mir Gott in seiner Barmherzigkeit nur fünf; und da habe ich dann über die fünfundvierzig geschenkten viel mehr zu danken, als mich über die fünf erhaltenen zu beschweren:

Du strafst uns Sünder mit Geduld
und schlägst nicht allzusehr;
ja endlich nimmst du unsre Schuld
und wirfst sie in das Meer.

In seinem berühmten Vortrag über Paul Gerhardt und seine Lieder hat Rudolf Alexander Schröder unser Lied vorgelesen und nur diesen einen Satz einleitend gesprochen: »Aus den Lob- und Dankliedern wollen wir doch wenigstens das eine, kindlich frohe, lesen, das uns so deutlich zeigt, wieviel unser Claudius von Paul Gerhardt gelernt hat; es braucht keines Kommentars.«

DANKET ALLE GOTT

EKG 231

Nun danket all und bringet Ehr,
ihr Menschen in der Welt,
dem, dessen Lob der Engel Heer
im Himmel stets vermeldt.

Dieses Lied gründet sich auf das Dankgebet im 50. Kapitel des Apokryphen-Buches Sirach, das den Opferdienst des Hohenpriesters Simon beschreibt. Dort heißt es: »Wenn er herabging, so reckte er seine Hand aus über die ganze Gemeinde der Kinder Israel, und gab ihnen den Segen des Herrn mit seinem Munde, und wünschte ihnen Heil in seinem Namen. Da beteten sie abermals und nahmen den Segen an von dem Höchsten: Nun danket alle Gott, der große Dinge tut an allen Enden; der uns von Mutterleibe an lebendig erhält und tut uns alles Gute. Er gebe uns ein fröhliches Herz, und verleihe immerdar Frieden zu unserer Zeit in Israel, und daß seine Gnade stets bei uns bleibe, und erlöse uns, solange wir leben.«

Es ist die gleiche Stelle, in der auch das Lied »Nun danket alle Gott mit Herzen, Mund und Händen« wurzelt, und man ist versucht, beide miteinander zu vergleichen. Ohne Zweifel: beide sind meisterliche Werke. Rinckarts Strophen sind eine bemerkenswert genaue Wiedergabe der Schriftstelle, und selten führt eine so enge Anlehnung an die Vorlage zu einer so hochwertigen dichterischen Gestalt und Aussage. Demgegenüber bedeuten die Strophen Paul Gerhardts eine Erweiterung des Gebetes bei Sirach, aber eine köstliche, ursprüngliche und sachgemäße. Sorgsam geht er dem Gebet entlang, und jede Aussage des biblischen Gebets wird bei ihm zu einer Strophe. »Nun danket alle Gott«, dessen Lob von Menschen und Engeln gesungen wird, das ist der Inhalt der ersten Strophe. »Der große Dinge tut«, das steht in der zweiten. »Der uns von Mutterleibe an frisch und gesund erhält«, damit fährt das dritte Gesätz fort und fügt hinzu, daß Gott ein Helfer in allen Nöten ist. »Und tut uns alles Guts«, das führt die vierte Strophe aus, und zu dem Guten rechnet der Dichter vor allem Gottes Güte und Barmherzigkeit, die Strafe erläßt und Sünde vergibt. Dem »fröhlichen Herzen« als einer einzigartigen Gottesgabe widmet der Dichter gleichfalls eine Strophe und legt uns dar, was ein fröhliches Herz sei: Geist und Sinn erfrischt und erneut und befreit von Angst und Sorge durch den Zuspruch Gottes. »Er verleihe uns immerdar Frieden.« Diese Bitte steht in der sechsten Strophe und wird ergänzt durch die Bitte um Glück und Heil für Volk und Land. Die Bitte um die Gnade Gottes spricht der Dichter in der siebten Strophe aus:

Er lasse seine Lieb und Güt
um, bei und mit uns gehn,
was aber ängstet und bemüht,
gar ferne von uns stehn.

»Und erlöse uns, solange wir leben«, das sagt die vorletzte Strophe mit den Worten:

Solange dieses Leben währt,
sei er stets unser Heil,
und wenn wir scheiden von der Erd,
verbleib er unser Teil.

SOLLT ICH MEINEM GOTT NICHT SINGEN

EKG 232

Sollt ich meinem Gott nicht singen?
Sollt ich ihm nicht dankbar sein?
Denn ich seh in allen Dingen,
wie so gut ers mit mir mein.
Ist doch nichts als lauter Lieben,
das sein treues Herze regt,
das ohn Ende hebt und trägt,
die in seinem Dienst sich üben.
Alles Ding währt seine Zeit,
Gottes Lieb in Ewigkeit.

Mit seinen elf Langstrophen ist dieses Lied der umfangreichste Lobgesang im Evangelischen Kirchengesangbuch. Die Fachleute sagen, es sei auf den Ton eines gedämpften Jubels gestimmt. Ich begreife wohl, was damit gesagt sein soll, aber ich kann mich nicht für diese Charakterisierung begeistern, denn sie erinnert zu peinlich an die Formel vom gedämpften Optimismus der Politiker. Gewiß geht das Lied nicht aus dem Ton »Du, meine Seele, singe«, und es erreicht auch nicht die Helle und Beschwingtheit von »Lobet den Herren, den mächtigen König der Ehren«; eher schon ist es mit »Nun lob, mein Seel, den Herren« verwandt. Sein Gotteslob kommt aus einem starken, gefestigten und getrösteten Herzen voller Gottvertrauen, das erfahren hat, worauf es ankommt. Der Dichter weiß um durchlittenes Leid, um ausgestandene Angst, um Kummer, Sorge und Not, die Leib und Seele bedrängt haben, und vermag dennoch zu loben. Kein Wunder, wenn sein Lied nicht auf einen überschwenglichen, sondern auf einen besinnlichen Ton gestimmt ist. Gerade diese Art hat dem Lied so viele Freunde verschafft: ein Danklied, das Gott die Ehre gibt und ihm dankt, indem es vor ihm die Wohltaten des Leibes und der Seele ausbreitet, die er an uns gewendet hat, und seine Liebe rühmt.

»Hier hast du einen ganzen Katalog sowohl geistlicher als leiblicher Wohltaten deines Gottes, damit deiner allmächtigen Erschaffung und wundersamen und gnädigen Erhaltung, vornehmlich auch der teuern Erlösung und Heiligung durch den Heiligen Geist täglich zu gedenken«, sagt einer der Väter. Ein anderer fährt weiter: »Es ist gewiß eines der besten Gerhardtlieder, es macht das Herz eines andächtigen Sängers mitten in allem Kreuz fröhlich und getrost, führt ihm Gottes Wohltaten eindringlich zu Gemüte und erinnert ihn zuletzt an seine schuldige Gegenliebe, und ist also gleichsam ein Uhrwerk, das hell schlägt, richtig weiset und deutlich weckt.« Und ein dritter urteilt:

»Die schweren Trübsale, in die der Dichter geraten ist, hätten ihn wohl eher zum Heulen als zum Singen bringen können. Allein wie er in seinen Liedern guten Muts gewesen, also hat er dabei die Anweisung beobachtet: ›Ist jemand guten Muts, so singe er Psalmen.‹ Ihm sind die Reime nicht nur von den Lippen, sondern auch aus dem Herzen geflossen. Nicht minder ist offenbar, daß, ob er schon mit diesen Psalmen den Glauben und die Freude seines Herzens gestärkt, sie aus solchem Glauben gedichtet und gesungen hat. Woher dann geschieht, daß, wie sie von Herzen gegangen, also auch wieder zu Herzen gehen und ein Feuer in der Seele anzünden können.«

Als ich mich mit dem Lied befassen wollte, sang ich innerlich immer wieder die Halbstrophe:

Gottes Engel, den er sendet,
hat das Böse, so der Feind
anzurichten hat vermeint,
in die Ferne weggewendet.

Ich suchte sie im Kirchengesangbuch und fand sie nicht. Ich nahm das Gesangbuch meiner Großmutter zur Hand, mit dem auch ich aufgewachsen bin und das bei uns in Geltung war, bis das Evangelische Kirchengesangbuch eingeführt wurde – und suchte vergeblich. Ich verglich die Originalfassung und erkannte, daß das Lied zwölf Strophen umfaßte, die achte aber sowohl in meinem alten Gesangbuch wie auch im Kirchengesangbuch gestrichen war – und damit auch die gesuchte Halbstrophe. Aber woher kannte ich sie, und auf welche Weise hatte sie sich meinem Herzen so tief eingeprägt? Ich entsann mich, daß es einen vierstimmigen Satz von Johann Schop zu diesem Lied gibt, und auf einmal wußte ich wieder, daß ich ihn oft mit Singgruppen gesungen habe und daß mir dabei auffiel, wie das Wort »weggewendet« musikalisch gedeutet war, ja, ich erinnerte mich der Geste, mit der ich dem Chor diese Deutung veranschaulicht hatte. Jetzt schlug ich das »Finkensteiner Liederbuch« auf und entdeckte, daß Walther Hensel die umfangreiche Dichtung auf fünf Strophen verkürzt und dabei die Halbstrophe vom Engel Gottes unmittelbar an die Halbstrophe vom Adler angefügt hatte. Nicht aus dem Gesangbuch kannte ich das Lied, in der Singbewegung hatte es sich mir erschlossen und so tief eingeprägt. Es ist schade, daß die Verse vom bewahrenden Engel Gottes unter den Tisch gefallen sind.

Einmalig ist der Reim, der alle Strophen beschließt:

Alles Ding währt seine Zeit,
Gottes Lieb in Ewigkeit

und der erst in der letzten die eindrückliche Abwandlung erfährt:

Bis ich dich nach dieser Zeit
lob und lieb in Ewigkeit.

Er hat das Maß und Gewicht eines Wahlspruches, mit dem sich ein Mensch lebenslang getrösten und aufrichten kann. Dazu eine Anekdote. Am Hofe des Herzogs Karl von Württemberg waren Recht und Gerechtigkeit Stiefkinder, während Intrigen ihre verhängnisvolle Rolle ungehindert spielen konnten. Ein ehrenwerter Mann wurde von Neidern so verdächtigt, daß er beim Herzog in Ungnade fiel und Amt und Brot verlor. Er sah sich genötigt, in sein Heimatdorf zurückzukehren, wo er noch Anverwandte hatte und wo man ihn aus Gnad und Barmherzigkeit den Dienst des Nachtwächters versehen ließ, damit er sein Leben fristen konnte. Da sang er nun jedesmal nach dem Stundenschlag unsern Kehrreim, sich selbst und den Dorfgenossen zum Trost.

Es vergeht Jahr und Tag, bis ein hochgestellter Beamter des Herzogs eines Tages eines Reiseunfalles wegen in unserm Dörflein übernachten muß. Er hört die Stundenrufe in der Nacht und jedesmal auch den Reim von den Dingen der Welt, die ihre Zeit haben, und von der Liebe Gottes, die alle Zeit überdauert. Er erkundigt sich nach der Bewandtnis dieses nicht alltäglichen Brauches und erfährt die Geschichte des ehrenwerten Nachtwächters. In einer guten Stunde berichtet er die Angelegenheit dem Herzog und macht sich zum Fürsprecher des Mannes. Der Herzog gibt einer guten Regung seines Herzens Raum, läßt den Fall überprüfen, stellt die Unschuld des Mannes fest und setzt ihn wieder in sein Amt ein. Da hat sich bewahrheitet, was der Dichter in der zehnten Strophe ausspricht:

Das weiß ich fürwahr und lasse
mirs nicht aus dem Sinne gehn:
Christenkreuz hat seine Maße
und muß endlich stillestehn.
Wenn der Winter ausgeschneiet,
tritt der schöne Sommer ein;
also wird auch nach der Pein,
wers erwarten kann, erfreuet.
Alles Ding währt seine Zeit,
Gottes Lieb in Ewigkeit.

Die Melodie stammt von Johann Schop und wurde 1641 zu Johann Rists Osterlied »Lasset uns den Herren preisen« komponiert. Der Tritonusaufstieg auf »seine Zeit« bedeutet zwar für die Gemeinde eine Schwierigkeit; doch ist die durch den Tritonus (drei Ganzton-Schritte hintereinander) entstehende Spannung so stark, daß die Schlußzeile ganz in den Melodieablauf hineingebunden wird, während sie ohne den Dreischritt wie ein Anhängsel erscheint, weil die Melodie schon auf »Zeit« zur Ruhe zu kommen scheint.

Johann Schop ist um 1595 vermutlich im Braunschweigischen geboren und war ein ausgezeichneter Geiger. Er hatte zuerst eine Musikerstelle in Wolfenbüttel inne, dann am dänischen Hof in Kopenhagen, und wurde 1621 Mitglied der Hamburger Ratskapelle, in der er zeitlebens eine führende Rolle innehatte. Er schrieb vor allem Melodien zu den Dichtungen Johann Rists, so daß er als dessen Komponist bezeichnet werden kann, während Johann Schop wiederum ihn als seinen alten, hochwerten und sehr lieben Freund bezeichnet hat. Um 1667 ist Johann Schop in Hamburg gestorben.

CHRISTLICHES TROST- UND FREUDENLIED

EKG 250

Ist Gott für mich, so trete
gleich alles wider mich;
so oft ich ruf und bete,
weicht alles hinter sich.
Hab ich das Haupt zum Freunde
und bin geliebt bei Gott,
was kann mir tun der Feinde
und Widersacher Rott?

Am 26. Februar 1651 hatte der Pfarrer Johannes Berkow in der Marienkirche zu Berlin eine Taufe vollzogen und am Nachmittag einen Verstorbenen durchs Georgentor zum Friedhof geleitet. Während eines Glaubensgespräches, das er auf dem Heimweg mit dem Amtsgenossen Johann Rösener und dem Konrektor Martin Lubasch führte, brach er plötzlich zusammen und gab mit dem Seufzer »Hilf, Gott!« seinen Geist auf. Am Sonntag Lätare wurde er in der Marienkirche beigesetzt, und der Propst Veser hielt ihm die Gedächtnispredigt über die Verse 31–38 aus dem 8. Kapitel des Römerbriefes. Unter dem Eindruck dieser Predigt hat Paul Gerhardt dieses Lied gedichtet.

Den biblischen Text kann man leicht durch das ganze Lied verfolgen. Vers 31 mit seinem kühnen: »Ist Gott für uns, wer mag wider uns sein?« ist in den ersten beiden Strophen aufgenommen und entfaltet. Vers 32, der vom Opfertod Christi kündet, ist in der dritten und vierten Strophe nachgezeichnet. Vers 34 mit der Frage: »Wer will uns verdammen?« ist in der sechsten Strophe aufgegriffen. Dann wendet sich das Lied andern Versen aus dem achten Kapitel des Römerbriefes zu: In der siebten Strophe klingt Vers 15 an: »Ihr habt einen kindlichen Geist empfangen, durch welchen wir rufen: Abba, lieber Vater«. Der neunten Strophe liegt Vers 26 zugrunde: »Der Geist selbst vertritt uns mit unaussprechlichem Seufzen.« Vers 28 ist in der neunten Strophe ausgelegt: »Wir wissen, daß denen, die Gott lieben, alle Dinge zum Besten dienen.« In der dritt- und vorletzten Strophe aber werden die Verse 35–38 in großartiger Weise verdolmetscht:

Kein Engel, keine Freuden,
kein Thron, kein Herrlichkeit,
kein Lieben und kein Leiden,
kein Angst und Fährlichkeit,
was man nur kann erdenken,
es sei klein oder groß;
der keines soll mich lenken
aus deinem Arm und Schoß.

Manche Betrachter des Liedes haben die Meinung vertreten, Paul Gerhardt beziehe sich in diesem Lied auf seine eigenen Lebensumstände und habe vor allem seinen Kampf mit dem Großen Kurfürsten und seine Amtsenthebung im Sinn. Das Bestreben, die Lieder in möglichst anschaulicher Weise mit seinem Leben zu verquicken, kann schnell auf die falsche Fährte führen. Die Amtsenthebung geschah 1666; das Lied aber ist im Jahr 1653 gedichtet, als Paul Gerhardt Propst in Mittenwalde war. Es kann somit auch nicht Bezug genommen sein auf die Zeit des Kampfes, als der Kurfürst von den lutherischen Predigern die Unterschrift jenes Reverses verlangte, der ihnen bei Androhung der Amtsenthebung verbot, weiterhin auf die Anhänger des Calvinismus zu schelten und sie herabzusetzen. Der »Zorn der großen Fürsten«, von dem in der elften Strophe die Rede ist, bezieht sich nicht auf Friedrich Wilhelm, sondern auf die Mächte und Gewalten, die uns von Gott trennen wollen und doch nicht können. Kein politisches, sondern ein streng biblisches Lied liegt uns vor, eine Neufassung und Auslegung des Hymnus' vom »Dennoch des Glaubens«. Paulus hat uns im achten Kapitel des Römerbriefes ein urchristliches Lied in der Art des Wechselgesanges überliefert, wie ihn die junge Christenheit von der Synagoge übernommen hatte, in der ja die Psalmen im Wechsel gesungen wurden. Seine vermutlich ursprüngliche Gestalt – ohne die Einschübe des Apostels – ist im Handbuch zum Evangelischen Kirchengesangbuch so wiedergegeben:

Ist Gott für uns,
  wer ist wider uns?
Wer wird anklagen,
  die Gott erwählte?
Gott ist's, der rechtfertigt.
  Wer ist's, der verdammt?
Jesus ist der Gesalbte,
  der tot war, vielmehr: auferweckt,
der da ist zur Rechten Gottes,
  der auch eintritt für uns.
Wer wird uns scheiden
  von der Liebe des Gesalbten?
Nicht Tod, noch Leben,
  nicht Engel, noch Dämonen,
nicht Gegenwart, noch Zukunft,
  nicht Mächte, noch Gewalten,
nicht Höhe, noch Tiefe,
  noch ein ander Geschöpf
vermag uns zu scheiden
  von der Liebe Gottes
in *Jesus*, dem *Gesalbten*, unserem *Herrn*.

Ohne es zu wissen, aber mit dem Gespür des Dichters hat Paul Gerhardt diese urchristliche Liedform aufgegriffen und uns eine Neuschöpfung dieses trotzig-kühnen Glaubensliedes geschenkt.

Das Lied wurde lange nach der Weise »Valet will ich dir geben« gesungen. Die Melodie, die jetzt dem Lied zugeordnet ist, kommt einen weiten Weg gegangen. Sie taucht erstmals um 1590 in England in Verbindung mit einem weltlichen Text auf. Englische Komödianten trugen sie mit einem Singspiel durch halb Europa; schnell wurde die Weise bekannt und beliebt. Der Augsburger Bader David Spaiser unterlegt ihr um 1609 sein »Gespräch des armen Sünders mit Gott«. Aus diesen Tatsachen erklärt sich die Quellenangabe über die Weise im Kirchengesangbuch: 16. Jahrhundert; geistlich Augsburg 1609. Doch geriet die Weise in Vergessenheit, bis sie Johannes Zahn in sein großes Sammelwerk »Die Melodien des deutschen evangelischen Kirchenliedes« aufnahm. Von dort kam sie in das sogenannte Auslandsgesangbuch und schließlich ins Kirchengesangbuch.

Die Liedkunde weiß von diesem Lied mancherlei zu berichten: Am 9. Juli 1819 wurde in der Gemeinde Korntal, unweit von Stuttgart, der Grundstein zum Betsaal gelegt. Der Bürgermeister Gottlieb Wilhelm Hofmann hielt die Ansprache, der alte Pfarrer Flattich von Münchingen sprach das Gebet. Dann zogen die Pfarrer, der Bürgermeister und seine Beigeordneten am Grundstein vorüber, indes die Gemeinde sang:

Der Grund, da ich mich gründe,
ist Christus und sein Blut;
das machet, daß ich finde
das ewge, wahre Gut.
An mir und meinem Leben
ist nichts auf dieser Erd;
was Christus mir gegeben,
das ist der Liebe wert.

Als der junge Ludwig Hofacker 1828 die Gemeinde Rielingshausen bei Marbach übertragen erhielt, bezog er sich in seiner Antrittspredigt auf die ersten beiden Verse dieser Strophe, um der Gemeinde zu sagen, was sie von ihm zu erwarten habe und in welchem Geist er sein Amt in ihr zu führen gedenke.

Amalie Sieveking in Hamburg, ein Menschenkind der barmherzigen Liebe, hat im 41. Jahr ihres Lebens bekannt: »In gewissem Sinn kann ich sagen, ich sei niemals jung gewesen; aber nun, da ich das eigentliche Element meines Lebens gefunden habe, fühle ich eine solche Frische und Schwungkraft in mir, daß ich fast rühmen möchten, ich werde auch niemals alt werden. Zur Losung meines Lebens möchte ich jetzt die Strophe von Paul Gerhardt machen, die mich vor vielen Jahren mit einer fast wunderbaren Gewalt ergriff und mein Innerstes durchdrang:

Mein Herze geht in Sprüngen
und kann nicht traurig sein,
ist voller Freud und Singen,
sieht lauter Sonnenschein.
Die Sonne, die mir lachet,
ist mein Herr Jesus Christ;
das, was mich singen machet,
ist, was im Himmel ist.

Diese Schlußstrophe ist die erste unter den drei großen Sonnenstrophen Paul Gerhardts und schönster Glanz unserer deutschen geistlichen Dichtung. Die andere entstammt dem Morgenlied von der güldenen Sonne:

Kreuz und Elende,
das nimmt ein Ende;
nach Meeresbrausen
und Windessausen
leuchtet der Sonne gewünschtes Gesicht.
Freude die Fülle
und selige Stille

hab ich zu warten
im himmlischen Garten;
dahin sind meine Gedanken gericht'.

Die letzte – die Zählung bedeutet keine Rangordnung – ist die Weihnachtsstrophe:

Ich lag in tiefster Todesnacht,
du warest meine Sonne,
die Sonne, die mir zugebracht
Licht, Leben, Freud und Wonne.
O Sonne, die das werte Licht
des Glaubens in mir zugericht',
wie schön sind deine Strahlen!

»Natürlich wechselt in allen angeführten Stellen die Bezüglichkeit: einmal ist die wirklich scheinende Morgensonne gemeint, ein andermal der Umschwung von Niedergeschlagenheit zu neuem Vertrauen, dann die Gestalt des ins Gottesreich aufgenommenen Frommen oder Gottes Angesicht selber oder – das ist der tiefste Bezug – die in Christus durchgebrochene Gottesgnade. Es geht aber auch ein Gedanke, eine Vorstellung in die andere über – alles in allem deutlich machend, daß Paul Gerhardt die dem Glauben geschenkten Wirklichkeiten schlechthin als sonnenhaft empfand, sonnenhaft, wie auf der Auferstehungstafel des Isenheimer Altars das Antlitz des dem Grabe entsteigenden Christus sich in das Gold der aufgehenden Sonne auflöst. Paul Gerhardt, der auf der einen Seite streng, ja starr der in der Konkordienformel niedergelegten evangelischen Lehre zugeschworene Mann, besaß zugleich die Freiheit und Gelöstheit, in seinen Gedichten Vorstellungen nachzuhängen, die in mystische Bezirke zu weisen scheinen.« (Kurt Ihlenfeld) – »Es gab außer der lauten streitbaren Oberströmung unter den Geistlichen und im Volk auch in der lutherischen Kirche noch eine breite, wenn schon verschwiegene Unterströmung, die wohl das ererbte und geglaubte Bekenntnis der Väter mit aller Zähigkeit verteidigte und festhielt, aber jeden Streit, wo er nicht von der Gegenseite aufgedrungen war, mit Bewußtsein mied und treu für sich und andere den lebendigen Glauben als ein frommes Leben zu pflegen sich mühte. Als ihr geistiges Haupt ist unbestritten Johann Arndt anzusprechen.« (Petrich) – Paul Gerhardt hat bei Arndt neue Erkenntnisse gewonnen, die seinem beschaulichen Wesen entsprachen und die er ohne Schwierigkeiten mit der lutherischen Lehre vereinigen konnte. Er hat fünf Lieder geschrieben nach Gebeten aus dem »Paradiesgärtlein« von Johann Arndt, und aus dem »Wahren Christentum« hat er mit der gleichen Begierde geschöpft wie aus Luthers Predigten. »Das war kein Akt der Untreue gegen Luther, es war eine Ergänzung, die er nicht nur persönlich für sich vollzog, sondern mit der er auf dem Wege über seine Lieder auf die evangelische Frömmigkeit eine ähnliche Wirkung ausgeübt hat wie Johann Arndt mit seinem »Wahren Christentum«. Wenn heute seine Lieder gesungen werden, so erneuert sich darin immer zugleich der doppelte Einfluß Luthers und Johann Arndts auch auf uns; hier ist ein wenn auch nur kleines Einfallstor für mystische Einströmungen im Bereich des Luthertums offengeblieben.« (Kurt Ihlenfeld)

CHRISTLICHES WANDERLIED

Psalm 37, 5

EKG 294

Befiehl du deine Wege
und was dein Herze kränkt
der allertreusten Pflege
des, der den Himmel lenkt.

Der Wolken, Luft und Winden
gibt Wege, Lauf und Bahn,
der wird auch Wege finden,
da dein Fuß gehen kann.

»Das ist das Hohelied des Gottvertrauens«, schreibt Wilhelm Nelle in seinem »Schlüssel zum Gesangbuch« und meint, jedes Wort zu seinem Lob sei zu arm und zu wenig; wo die Christenheit und nicht nur die deutscher Zunge seit dreihundert Jahren für dieses Lied Zeugnis ablegt, hätten wir das Recht zu schweigen. Indessen muß auf einige Dinge doch hingewiesen werden.

Paul Gerhardts Lieder erscheinen uns hier und da reichlich lang; bei diesem Lied dagegen sind wir überzeugt, es dürfte keine einzige Strophe weniger haben, und das nicht allein um der dreizehn Worte des Psalmverses willen, an dem wie an einer Schnur die Strophenperlen aufgereiht sind, nein, die glückhafte Verbindung mit diesem Psalmwort allein schon verleiht dem Lied eine einzigartige Volkstümlichkeit. Steilworte, die sich aus den Anfangsbuchstaben der Strophen oder Zeilen ergeben, waren eine beliebte Kunstübung jener Zeit. Meist war man bemüht, den Namen eines Fürsten oder hohen Gönners in solcher Weise in ein Gedicht hineinzuverstecken und also menschlicher Eitelkeit zu schmeicheln in der Hoffnung, der Betreffende werde sich dafür erkenntlich zeigen. Paul Gerhardt indessen geht dem schönen Psalmwort entlang, bindet seine Strophen daran und verdichtet in dieses Bibelwort hinein, was er, von der Frömmigkeit des Psalmisten bewegt, über das Vertrauen zu Gott auszusprechen vermag.

Das Lied vereinigt alle Vorzüge der Gerhardtschen Dichtkunst. Zahlreich sind die Wortpaare, die Gleiches oder Ähnliches einprägsam aussprechen: Treu und Gnade, Stand und Wesen, Zweck und Ziel, Schmerzen und Sorgen, Angst und Not, am schönsten gleich in der ersten Strophe:

Der Wolken, Luft und Winden
gibt Wege, Lauf und Bahn . . .

Auch gleichlaufende Wortverbindungen finden sich und gestalten die Aussage überzeugend, zwingend:

Dein Tun ist lauter Segen,
dein Gang ist lauter Licht;
dein Werk kann niemand hindern,
dein Arbeit darf nicht ruhn . . .

Worte, auf die es ankommt, werden eindringlich wiederholt:

Hoff, o du arme Seele, hoff und sei unverzagt!
Auf, auf gib deinem Schmerze und Sorgen gute Nacht.
Ihn, ihn laß tun und walten.
Mach End, o Herr, mach Ende mit aller unsrer Not.

Wenige Lieder üben wie dieses eine so stille und doch kraftvolle Wirkung aus, wenngleich es im Gottesdienst selten und schon gar nicht durch alle Strophen gesungen wird. Es hat sein Leben und Wesen außerhalb des Gottesdienstes im täglichen Leben, und das nicht in der Weise, daß ein Menschenkind sich hinsetzt, das Gesangbuch zur Hand nimmt und das Lied liest, sondern so, daß es durch Herz und Sinne ziehen läßt, was es sich einmal in der Jugend eingeprägt hat. Ich habe das Lied in der Volksschule gelernt und kann es noch heute still für mich durchnehmen, wenn der Schlaf nicht kommen will, ohne hängenzubleiben, kein Wunder übrigens; denn ich habe das Lied mehr als einmal mit meinen Schülern zu lernen gehabt, und es ist selbstverständlich, daß der Lehrer beherrscht, was er von seinen Schülern verlangt. Lernschwierigkeiten hat es nie gegeben, allenfalls bei der neunten Strophe, die aus einem sehr verschachtelten Satz besteht:

Er wird zwar eine Weile
mit seinem Trost verziehn

und tun an seinem Teile,
als hätt in seinem Sinn
er deiner sich begeben
und, sollst du für und für
in Angst und Nöten schweben,
als frag er nichts nach dir.

Diese Strophe habe ich nicht von jedem verlangt, sondern gab mich zufrieden, wenn er die beiden ersten Zeilen wußte und damit den Anschluß an die letzten drei Strophen hatte.

Das Lied stand immer hoch im Kurs und galt zeitweise geradezu als Typus des rechten Kirchenliedes. In dieser Bewertung wird eine Einseitigkeit sichtbar, die nicht einsehen wollte, daß bei dieser Einschätzung und Bevorzugung des Gerhardtliedes der »Lutherton« zu kurz kam. Es besteht ein unübersehbarer Unterschied zwischen beiden Dichtern und ihren Liedern. »Dem melodischen Gleichgewicht der Strophen Gerhardts fehlen die Rauheiten und Ecken, es fehlt das reckenhaft Ungelenke, das einem kämpfenden Geschlecht die Lieder der Lutherzeit von neuem nahegebracht hat. Wer sagen würde, Gerhardts Lieder seien nicht wie die Luthers in Holz geschnitten, sondern in Kupfer gestochen, würde damit zugleich den Unterschied von eineinviertel Jahrhundert kennzeichnen, Fortschritt, der wie aller Fortschritt mit Notwendigkeit Verluste einschließt. Das gewähltere Wort ist nicht immer das stärkere, das harmonischere nicht immer das eindrucksvollere. Aber wie es unsinnig wäre, die Sprachwelt unserer Klassiker auf eine urtümlichere zurückgeschraubt zu wünschen, so wäre es verfehlt, wenn man, geschichtliche Notwendigkeiten außer acht lassend, von unserm Dichter verlangen wollte, er hätte da stehenbleiben sollen, wo Luther aufgehört hat. Gewiß, das Werk Paul Gerhardts atmet durchweg in einer milden und klaren Luft. Wer dem Dichter durch das Medium seines Gedichts hindurch unmittelbar auf den Leib rücken möchte, kommt bei ihm nicht auf seine Kosten. Wohl erzählt auch sein Lied von Freud und Leid, und es ist nicht anders möglich, daß die Erfahrung, die hier zu uns spricht, irgendwie auch eine persönliche sei. Aber das Leid, von dem wir vernehmen, ist ein durchlittenes und überwundenes, die Freude gibt sich weniger im Jauchzen des Triumphes kund als in dem abgeklärten Rückblick auf erfahrene Gnade und Güte. –

Bekenntnis, bündiges, ist auch das, aber wir gewahren in ihm nicht die augenblickliche Nähe des durchlittenen Zweifels, des überstandenen Ringens, die dem Lied Luthers sein bestürzendes Gewicht, seine fast beklemmende Lebenswärme gibt. Wohl ist das Feuer der Empfindung bei Gerhardt mächtig genug, um Erlebnis, Erfahrung und Gedanken im Fluß dichterischer Rede miteinander zu verschmelzen. Wo aber dieser Verschmelzungsprozeß gelungen ist, zieht es sich gewissermaßen von der Oberfläche zurück. Kühl und durchsichtig liegt sie vor uns, und die Vorstellung mag naheliegen, als sei diese linde Klarheit der Aussage alles, was der Dichter zu bieten habe.

Zwar gibt es auch bei ihm einige wenige Gedichte, angesichts derer wir auf einen lebensgeschichtlichen fixierbaren Anlaß schließen dürfen. Aber diese wenigen Lieder, eingeschlossen die, welche die Legende mit einem der uns bekannten Wendepunkte in Gerhardts Leben verbunden wissen möchte, erschöpfen sich in sachlicher Überschau bestimmter Lagen des Christenlebens, keines zwingt unsern Blick, die Richtung auf besondere Einzelheiten der äußeren oder inneren Lebensgeschichte unsres Dichters zu nehmen. Abgewogene ausgerundete klassische Gemeingültigkeit der Aussage wird in allen Liedern ohne Ausnahme angestrebt, in den besten erreicht.« (Rudolf Alexander Schröder)

Unser Lied hat sich – wie die meisten alten Lieder – im Lauf seiner langen Geschichte mancherlei »Verböserungen« gefallen lassen müssen. Diese Verbesserungen lassen sich in zwei grundsätzlich verschiedene Gruppen einteilen. Zum ersten: Man nimmt Anstoß am sprachlichen Ausdruck, findet ihn ungereimt, unbeholfen, veraltet und nicht mehr verständlich. Man versucht zu glätten, zu bessern, verständlicher zu machen. Das Ergebnis dieser Bemühungen läßt sich durchweg so beschreiben: allenfalls leidlich bereinigte sprachliche Gestalt, erreicht mit Substanzverlust in der Aussage. Schlimmer ist die andere Art der Verbesserung, wie sie vor allem im Zeitalter der Aufklärung geübt wurde: da ging es weniger um die Sprachgestalt als um die inhaltliche Aussage, die man nach dem Zeitgeschmack verwässerte und verfälschte.

Im Straßburger Gesangbuch von 1808 finde ich das Lied auf acht Strophen verkürzt; der Steilvers ist preisgegeben, und die einzelnen Strophen sind so stark verändert, daß man sie kaum noch erkennt:

An wunderbaren Wegen
fehlt's dir, Allweiser, nicht;
dein Tun ist Gnad und Segen,
dein Gang ist Recht und Licht.
Und wenn du deinen Kindern
ein Glück hast ausersehn,
wer kann dich daran hindern?
Du willst – es muß geschehn.

Im Vergleich mit andern Gesangbüchern ist das eine maßvolle »Verbesserung«; im Vorwort wird versucht, sie zu rechtfertigen: »Soll der mannigfache Zweck geistlicher Lieder wirklich erreicht werden, müssen sie dem Geschmack und der Geistesbildung eines jeden Zeitalters angemessen sein. Bei dem beständigen Fortschritt der Erkenntnis und des Geschmacks fordert zuletzt der gemeine Verstand mehr Richtigkeit und Angemessenheit des Ausdrucks, und die Andacht, die er sucht, wird gestört, wenn er beim Gebrauch eines Erbauungsbuches auf Redensarten stößt, die ihm zu gemein und abgenutzt, zu niedrig und unedel scheinen.«

Matthias Claudius hat von solcher Verbesserung nicht viel gehalten; dies war seine Meinung: »In der neuen Zeit werden die alten Kirchenlieder verändert. Nun bin ich überzeugt, daß die Obrigkeit für die Untertanen nicht leicht besser sorgen und ihnen nicht leicht etwas Besseres geben kann als ein gutes Gesangbuch. Denn über kräftige Kirchenlieder geht nichts; es ist ein Segen drin, und sie sind in Wahrheit Flügel, darauf man sich in die Höhe heben und eine Zeitlang über dem Jammertal schweben kann. Auch mögen viele Lieder nicht so sein, als sie sein sollten, das ist alles wahr. Aber ich weiß nicht, ob's an dem Verbessern oder an den Verbesserern liegt: genug, ich kann mir nicht helfen, daß es mich um einige alte Lieder nicht dauern und leid tun sollte. Das Kleid macht, dünkt mich, den Mann nicht; und wenn der Mann gut ist, so ist alles gut. Ob da ein Knopf unrecht sitzt oder eine Naht schief genäht ist, darauf kommt es am Ende wenig an; und wer sieht darauf? Man ist einmal daran gewöhnt, und oft steckt's gerade darin und muß so sein. So ein »Befiehl du deine Wege« zum Exempel, das man in der Jugend in Fällen, wo es nicht so war, wie's sein sollte, oft und andächtig mit der Mutter gesungen hat, ist wie ein alter Freund im Hause, dem man vertraut und bei dem man in ähnlichen Fällen Rat und Trost sucht. Wenn man den nun anders montiert und im modernen Rock wiedersieht, so traut man ihm nicht, und man ist nicht sicher: ob der alte Freund noch drin ist – und ich sehne mich dann nach dem falschen Knopf und der schiefen Naht.«

Von der Beliebtheit des Liedes, besser gesagt, von dem seelsorgerlichen Dienst, den es an ungezählten Christen ausgerichtet hat, zeugen die vielen Anekdoten, die es wie ein Blumenkranz zieren. Man könnte ein Büchlein damit füllen.

Um 1826 bat der bekannte Oberpräsident von Rheinland

und Westfalen Vinke den Freiherrn vom Stein, man möchte in Berlin von ihm als Minister absehen. Der Freiherr antwortete: »Mir wäre Ihre Entfernung für unsere Provinz sehr leid; wenn Sie aber berufen werden, dann folgen Sie. Da es ohne Ihr Zutun geschieht, dürfen Sie den Ruf der Vorsehung darin erkennen. In solchen verwickelten Verhältnissen tut man am besten, wie der alte Paulus Gerhardt rät:

Ihn, ihn laß tun und walten,
er ist ein weiser Fürst
und wird sich so verhalten,
daß du dich wundern wirst,
wenn er, wie ihm gebühret,
mit wunderbarem Rat
das Werk hinausgeführet,
das dich bekümmert hat.

Das Resultat meiner Lebenserfahrung ist die Überzeugung von der Kurzsichtigkeit der Menschen und der Leitung der Vorsehung; der folge man.«

Um 1770 faßte Matthias Claudius den Entschluß, von Darmstadt wieder nach Wandsbek zurückzukehren, obgleich ihm dort weder Amt noch Einkommen winkten. Als ihm sein Freund Herder die Frage vorhielt: und was dort anfangen? antwortete er in seiner Art kurz und bündig: »Übersetzen, eine Fortsetzung meines ›Asmus‹ herausgeben und – ›Befiehl du deine Wege . . .‹«

Elisabeth von Thadden stellte sich, nachdem sie im Sommer 1941 aus ihrer eigenen Schule, dem Landerziehungsheim in Heidelberg-Wieblingen vertrieben worden war, dem Roten Kreuz zur Verfügung und diente in Soldatenheimen in Frankreich. Während eines Urlaubs nahm sie an einer »Teegesellschaft« teil, auf der beraten wurde, wie man im Augenblick des Zusammenbruchs, den man für unausweichlich hielt, Menschen retten könnte. Sie fiel einem Spitzel zum Opfer, den sie auf Drängen einer Freundin eingeladen hatte und der hernach alle Teilnehmer der Geheimen Staatspolizei verriet. Am 1. Juli 1944 wurde sie wegen angeblicher Wehrkraftzersetzung zum Tod verurteilt. An der Türe des Hinrichtungsraumes sprach sie ihre letzten Worte: »Mach End, o Herr, mach Ende mit aller unsrer Not.«

Unser Lied wurde lange und vielerorts nach der Melodie »Herzlich tut mich verlangen« gesungen. Die Weise, die das Kirchengesangbuch bringt, wurde dem Lied schon bei seiner ersten Veröffentlichung mitgegeben. Sie erhielt ihre letzte Ausformung durch Georg Philipp Telemann. Er entstammte einer Theologenfamilie, der Vater und die beiden Großväter waren Pfarrer gewesen. Bei Magdeburg war er daheim, hatte aber von seiner Mutter her, deren Vater um des Glaubens willen aus Freystadt in Oberösterreich vertrieben worden war, auch einen Schuß süddeutsch-österreichischer Lebhaftigkeit im Blut. Sein musikalisches Temperament zeigte sich sehr früh; schon mit zwölf Jahren schrieb er eine Oper. Dieser Jugendstreich hätte ihn um ein Haar den Umgang mit der Musik für sein ganzes Leben gekostet. »Die Musikfeinde kamen in Scharen zu meiner Mutter«, so berichtet er, »und stellten ihr vor, ich würde ein Gaukler, Seiltänzer, Spielmann oder Murmeltiertreiber werden, wenn mir die Musik nicht entzogen würde. Gesagt, getan. Mir wurden Noten und Instrumente genommen, und damit ich um so mehr von der Musik abgezogen würde, ward beschlossen, mich nach Zellerfeld im Harz auf die Schule zu schicken, weil meine Tyrannen der Meinung waren, hinter dem Blocksberg duldeten die Hexen keine Musik.« Zum Glück aber fand er in dem Superintendenten Calvör einen väterlichen Freund, der sein Talent förderte. Er studierte in Leipzig, wurde Kapellmeister in Eisenach, trat in freundschaftliche Beziehungen zu Johann Sebastian Bach und wurde der Pate Philipp Emmanuels. Schließlich nahm er einen Ruf nach Hamburg als Kantor und Musikdirektor an. Als 1722 die Stelle des Thomaskantors in Leipzig zu besetzen war, wurde er dorthin berufen, zog aber seine Zusage zurück, nachdem die Hanseaten ihn durch Aufbesserung seiner Stellung an ihre Stadt zu fesseln verstanden hatten. Statt seiner wurde dann Johann Sebastian Bach berufen. Zu seinen Lebzeiten überschätzt, nach Bachs Wiederentdekkung unterschätzt, wird er heute als einer der fesselndsten Musiker im Zeitalter der Empfindsamkeit gewürdigt.

CHRISTLICHE ERGEBUNG

Psalm 37, 7

EKG 295

Gib dich zufrieden und sei stille
in dem Gotte deines Lebens.
In ihm ruht aller Freuden Fülle,
ohn ihn mühst du dich vergebens.
  Er ist dein Quell
  und deine Sonne,
  scheint täglich hell
  zu deiner Wonne.
  Gib dich zufrieden!

Wie bei »Befiehl du deine Wege . . .« schließt sich Paul Gerhardt auch mit diesem Lied an Psalm 37 an, diesmal jedoch an den siebten Vers: »Sei stille dem Herrn und warte auf ihn.« Doch muß man schon den ganzen Psalm ins Auge fassen, um zu erkennen, daß der Rat und Zuspruch »Befiehl dem Herrn deine Wege« wie der andere »Sei stille dem Herrn« einem großen und starken Gottvertrauen entspringen, von dem der Psalmist Zeugnis gibt:

Habe deine Lust am Herrn;
der wird dir geben, was dein Herz wünscht.
Der Herr kennt die Tage der Frommen,
und ihr Gut wird ewiglich bleiben.
Sie werden nicht zuschanden in böser Zeit,
und in der Hungersnot werden sie genug haben.
Ich bin jung gewesen und alt geworden
und habe noch nie den Gerechten verlassen gesehen.
Er ist allezeit barmherzig und leiht gerne,
und sein Geschlecht wird zum Segen sein.
Denn der Herr hat das Recht lieb
und verläßt seine Heiligen nicht.
Der Herr hilft den Gerechten,
er ist ihre Stärke in der Not.

Dazu kommt als zweite biblische Wurzel Psalm 116 mit dem Vers: »Sei nun wieder zufrieden, meine Seele; denn der Herr tut dir Gutes.« Auch hier ist es hilfreich, die Anfangsverse des Psalms zu betrachten, die zu diesem Wort hinführen:

Ich liebe den Herrn,
denn er erhört die Stimme meines Flehens.
Er neigte sein Ohr zu mir;
darum will ich ihn mein Leben lang anrufen.
Stricke des Todes hatten mich umfangen,
des Totenreichs Schrecken hatten mich getroffen,
ich kam in Jammer und Not.
Aber ich rief an den Namen des Herrn:
Ach, Herr, errette mich!
Der Herr ist gnädig und gerecht,
und unser Gott ist barmherzig.

Indem der Dichter seinen Rat und Zuspruch entfaltet und begründet, wird uns zumute, als gehe die Sonne auf über verdüstertem Lande:

Gott ist dein Quell
und deine Sonne,

scheint täglich hell
zu deiner Wonne.

Durch fünf Strophen hindurch wird Gottes Allmacht, seine Güte und Liebe, seine treue Fürsorge und Barmherzigkeit dargelegt. Gott ist die Sonne unseres Lebens, die Fülle der Freude; er ist voll Licht, voller Trost und Gnaden. Er weiß unser Leid und die Sorge unseres Herzens; er zählt unsere Tränen. Er kann Kreuz, Angst und Not wenden. Er ist nicht fern, hört unser Bitten und weiß, wann die rechte Zeit gekommen ist, uns zu helfen. Alles steht in seinen Händen, auch der Tod. Darum: gib dich zufrieden! Nun wendet sich der Dichter ganz unmittelbar seelsorgerlich an den von Leid, Kummer und Sorge Verstörten und Angefochtenen und ruft ihm – wie einem Ertrinkenden – beschwörend zu:

Laß dich dein Elend nicht bezwingen,
halt an Gott, so wirst du siegen;
ob alle Fluten einherdringen:
dennoch mußt du oben liegen.
  Denn wenn du wirst
  zu hoch beschweret,
  hat Gott, dein Fürst,
  dich schon erhöret.

Laß auch das kleinmütige Sorgen um Nahrung und Kleidung:

Der dir das Leben hat gegeben,
wird auch Unterhalt bescheren.

Verzage nicht, wenn du nicht alsbald der Not entrissen wirst:

Denn das ist Gottes Ehrentitel:
helfen, wenn die Not am größten.

Vor allem aber verliere nicht den Mut, sondern vertraue auf Gott, wenn Feinde gegen dich anrennen:

Nimm nicht zu Herzen, was die Rotten
deiner Feinde von dir dichten;
laß sie nur immer weidlich spotten,
Gott wird's hören und recht richten.
Ist Gott dein Freund
und deiner Sachen,
was kann dein Feind,
der Mensch, groß machen?
Gib dich zufrieden!

Das Lied findet sich erstmals in »Pauli Gerhardti geistlichen Andachten«, die Johann Georg Ebeling gegen Ende des Jahres 1666 herausgebracht hat. Das ist das Schicksalsjahr des Dichters, in dem er sein Amt verlor. Schon allein aus diesem Grund hat man dieses Lied mit den Ereignissen, die zu diesem Wendepunkt in Gerhardts Leben geführt haben, in Verbindung gebracht. Ohne Zweifel stehen hinter diesem Lied schwere persönliche Erlebnisse; aber die Aussage ist auch hier, befreit von allen Schlacken persönlicher Gemütsbewegungen, ins Allgemein-Gültige erhoben, und nirgends ist auch nur die Andeutung einer bestimmten konkreten Situation in Gerhardts Leben zu erkennen. Außerdem ist der genaue Zeitpunkt, zu dem das Lied entstanden ist, nicht auszumachen. Im Jahr 1664 erschien nämlich ein Lied von Joachim Pauli, einem jungen Freund und Poesieschüler Paul Gerhardts, das so beginnt:

Zion gib dich nur zufrieden,
Gott ist noch bei dir darin;
du bist nicht von ihm geschieden,
er hat einen Vatersinn.
Wenn er straft, so liebt er auch,
dies ist sein beliebter Brauch.
Zion lerne dies bedenken.
Warum willst du dich so kränken?

Sachverständige sind der Ansicht, dieses Lied setze die Kenntnis unseres Liedes voraus. Wenn das stimmt, müßte unser Gedicht schon 1664, also vor dem Berliner Konflikt, vielleicht nach dem ergebnislosen Berliner Religionsgespräch entstanden sein, das statt einer Verständigung eine Versteifung der Fronten gebracht hatte.

Die Strophenform des Liedes ist von Paul Gerhardt erfunden. Sie ist dem Reim nach neunzeilig, und wer den Reimen in den Kurzzeilen nachgeht – oft übersieht man sie, weil sie sich wie selbstverständlich und ganz ungekünstelt ergeben – wird etwas von der Reimkunst des Dichters erkennen.

Die Weise gehört Jakob Hintze zu. Er stammte aus Bernau bei Berlin und wurde nach der Rückkehr von einer mehrjährigen Reise, die ihn nach Ostpreußen, Kurland und Schweden geführt hatte, Ratsmusiker in Berlin. Nach dem Tod Johann Crügers besorgte er die musikalische Fassung der *Praxis pietatis melica*. Außer der Weise unseres Liedes haben im Kirchengesangbuch zwei weitere Melodien von Jakob Hintze Aufnahme gefunden:

»Siegesfürste, Ehrenkönig«
»Es jammre, wer nicht glaubt«

Auch zu diesem Lied ließe sich manches Zeugnis beibringen. Wir begnügen uns mit dem Wort, das Rudolf Alexander Schröder in seinem Vortrag über Paul Gerhardt unserm Lied gewidmet hat: »Das Lied ist mit mir gegangen durch Jahrzehnte, in denen ich mich der Lehre und der Kirche Jesu Christi entfremdet wähnte; sein Seelenleben hat mich auch damals, manchmal bis zu Tränen, gerührt. Es sind Paul Gerhardts Lieder gewesen, an denen ich mit leiser Hand zurückgeführt worden bin, noch ehe mir das Wort der Schrift selbst wieder lebendig geworden war. Wenn ich daher auch heute nichts als Lob und Dank vorzubringen weiß, so muß ich schon mit Luther sagen: ich kann nicht anders.«

TROSTGESANG IN SCHWERMUT UND ANFECHTUNG

EKG 296

Schwing dich auf zu deinem Gott,
du betrübte Seele!
Warum liegst du Gott zum Spott
in der Schwermutshöhle?
Merkst du nicht des Satans List?
Er will durch sein Kämpfen
deinen Trost, den Jesus Christ
dir erworben, dämpfen.

Das Lied erschien erstmals in der *Praxis pietatis melica* vom Jahr 1653 unter der Überschrift: »Von Kreuz und Anfechtung« und zählte elf Strophen. In *Pauli Gerhardti Geistlichen Andachten*, die Johann Ebeling 1666/67 herausbrachte, lautet die Überschrift: »Trostgesang in Schwermut und Anfechtung«, und das Lied ist um sechs Strophen erweitert. Es ist unwahrscheinlich, daß Paul Gerhardt diese Strophen nachträglich hinzugedichtet hat; vermutlich hat er selbst oder Johann Crüger diese Gesätze zunächst zurückgehalten. Unser Kirchengesangbuch bringt neun Strophen aus dem Erstdruck und eine aus der Ebeling-Ausgabe, und zwar diese:

Christi Unschuld ist mein Ruhm,
sein Recht meine Krone,
sein Verdienst mein Eigentum,
darin ich frei wohne
als in einem festen Schloß,
das kein Feind kann fällen,
brächt er gleich davor Geschoß
und Gewalt der Höllen.

Als biblische Wurzeln sind unter andern zu erkennen:

1. Was betrübst du dich, meine Seele, und bist so unruhig in mir? Harre auf Gott; denn ich werde ihm noch danken, daß er meines Angesichts Hilfe und mein Gott ist (Ps. 42, 12).

2. Die mit Tränen säen, werden mit Freuden ernten. Sie gehen hin und weinen und streuen edlen Samen und kommen mit Freuden und bringen ihre Garben (Ps. 126, 5–6).

3. Die auf den Herrn harren, kriegen neue Kraft, daß sie auffahren mit Flügeln wie Adler, daß sie laufen und nicht matt werden, daß sie wandeln und nicht müde werden (Jes. 40, 31).

Wie schon der Psalmist, so spricht hier der Dichter der bedrängten Seele Mut zu und legt ihr kraftvolle Worte in den Mund: Der böse Feind wird abgewiesen; er ist überwunden durch Christus. Meine Sünde gibt ihm kein Anrecht auf mich, denn Christi Gerechtigkeit ist meine feste Burg. Darum:

Stürme, Teufel, und du Tod!
Was könnt ihr mir schaden?
Deckt mich doch in meiner Not
Gott mit seiner Gnaden.

Das angreifende Wort des Psalmisten mündet schließlich in ein triumphierendes Selbstgespräch der Seele: Ich gehöre Gott. Kreuz und Elend kommen von ihm und sind in seiner Hand Mittel, mich zum Guten zu führen und auf den Weg zur himmlischen Freude zu stellen. Alle meine Schmerzen sollen zum Lobpreis Gottes werden.

Ei so faß, o Christenherz,
alle deine Schmerzen,
wirf sie fröhlich hinterwärts,
laß des Trostes Kerzen
dich entzünden mehr und mehr!

Gib dem großen Namen
deines Gottes Preis und Ehr!
Er wird helfen. Amen.

Was mag den Bearbeitern um 1808 an der ersten Strophe »unrichtig, unangemessen, gemein und abgenutzt, zu niedrig und unedel« erschienen sein, daß sie sich das Recht herausnahmen, sie in dieser Weise zu »verbessern«:

Schwing zu deinem Gott dich auf,
schwermutsvolle Seele!
Hemme deiner Tränen Lauf,
bange blöde Seele!
Weder Bangigkeit noch List
sollen dir den Glauben
und den Trost, den Jesus Christ
dir erworben, rauben.

Wir machen uns unsere Gedanken über die Lieder und versuchen, ihre Gedanken darzulegen und aufzuzeigen, auf welche Art und Weise sie auf Grund ihrer Beschaffenheit, ihrer biblischen Verwurzelung, der Kenntnis des Menschenherzens und der Eindringlichkeit ihrer künstlerischen Gestalt auf den Menschen wirken müßten und wie sie ihm helfen könnten. Gott aber gebraucht sie in selbstherrlicher Weise auf wunderbare Art und ganz anders, als wir es uns zurechtlegen. Der schwäbische Prälat Friedrich Christoph Oetinger, der tiefsinnige Forscher in der sichtbaren Welt der Dinge und in der unsichtbaren Welt der Offenbarung, berichtet in seiner Selbstbiographie aus seiner Kindheit, die er unter der Leitung seines Informators Wölffing in Göppingen zubrachte, wie er im Umgang mit unserm Lied eine innere Erleuchtung erfuhr, die zeitlebens in ihm nachwirkte.

»Wölffing ließ mich viele Lieder auswendig lernen. Einmal – es war zwischen meinem sechsten und siebten Lebensjahr – legte ich mich nach meiner Gewohnheit neben ihm schlafen. Ich mußte einen ganzen Rosenkranz von

Liedern herbeten, wurde endlich etwas ungeduldig und dachte: Wenn ich doch auch wüßte, was ich bete! Ich kam an das Lied: ›Schwing dich auf zu deinem Gott, du betrübte Seele!‹ Nichts von Betrübnis wissend, wurde ich heftig angetrieben zu verstehen, was das sei, sich zu Gott aufzuschwingen. Ich bemühte mich inwendig darum vor Gott, und siehe, da empfand ich mich aufgeschwungen zu ihm. Ich betete mein Lied ganz aus; da war kein Wort, welches nicht ein besonderes Licht in meiner Seele zurückließ. In meinem ganzen Leben habe ich nichts Fröhlicheres empfunden. Das hatte in der folgenden Zeit die Wirkung, daß ich, wenn ein heftiges Donnerwetter kam, vor dem sich mein Vater hinter dem Vorhang des Bettes verbarg, getrost dachte: Ich fürchte mich nicht, weil ich weiß, wie man zu Gott betet.«

CHRISTLICHES FREUDENLIED

Psalm 73, 23–26

EKG 297

Warum sollt ich mich denn grämen?
Hab ich doch
Christum noch,
wer will mir den nehmen?
Wer will mir den Himmel rauben,
den mir schon
Gottes Sohn
beigelegt im Glauben?

Ein Trostlied wie »Befiehl du deine Wege«. Aber während jenes dem ersten Artikel des Glaubens entspringt, scheint dieses dem zweiten zuzugehören. Doch nicht völlig und durch und durch. Denn schon mit der zweiten Strophe geht der Dichter in der von ihm bevorzugten Weise auf die Schöpfung und die Erschaffung des Menschen und auf Gottes Fürsorge und Schutz für ihn ein, um erst gegen Ende des Liedes wieder auf den zweiten Artikel und auf Jesus Christus hinzulenken, freilich in ganz entschiedener und fast einmaliger Weise. Das ist die Aussage des Liedes: Gott hat mich geschaffen und mir Leben, Leib und Blut gegeben als Leihgabe, die ich ihm wieder zurückgeben muß. Von ihm kommt auch Angst, Not und Pein; aber er weiß sie zu wenden. Sein Gericht ist gnädig, und er wird mich nicht verlassen. Der Satan und seine Helfershelfer rennen gegen den Christen an; aber Gott macht sie zuschanden. Hier setzen die beiden großartigen Strophen ein:

Unverzagt und ohne Grauen
soll ein Christ,
wo er ist,
stets sich lassen schauen.
Wollt ihn auch der Tod aufreiben,
soll der Mut
dennoch gut
und fein stille bleiben.

Kann uns doch kein Tod nicht töten,
sondern reißt
unsern Geist
aus viel tausend Nöten,
schließt das Tor der bittern Leiden
und macht Bahn,
daß man kann
gehn zu Himmelsfreuden.

Dagegen verblassen alle irdischen Güter. Die vollkommenen Gaben sind dort zu finden, wo Christus, der Brunnen aller Freude, uns ohne Ende laben wird. Ihm schließt sich der Dichter an, ihm gibt er sich hin, weil er von Christus angenommen ist:

Ich bin dein, weil du dein Leben
und dein Blut
mir zugut
in den Tod gegeben.

Zahlreiche Schriftstellen klingen in diesem Gesang an. Die zweite Strophe ist von dem Wort des Paulus an Timotheus bestimmt: »Wir haben nichts in die Welt gebracht, darum werden wir auch nichts hinausbringen.« Dem dritten Gesätz liegt das Wort zugrunde: »Was hast du, das du nicht empfangen hättest? Gottes Gabe ist es.« Durch das ganze Lied aber zieht sich das Psalmwort, das der Dichter unter die Überschrift gesetzt hat:

Dennoch bleibe ich stets an dir;
denn du hältst mich bei meiner rechten Hand,
du leitest mich nach deinem Rat
und nimmst mich am Ende mit Ehren an.
Wenn ich nur dich habe,
so frage ich nichts nach Himmel und Erde.
Wenn mir gleich Leib und Seele verschmachtet,
so bist du doch, Gott, allezeit
meines Herzens Trost und mein Teil.

Nie und nirgendwo hat man versucht, dieses Lied zu kürzen, und Wilhelm Nelle meint, man habe auch nicht gewagt, wesentliche Änderungen vorzunehmen. Mein altes Gesangbuch aber zeigt, daß man an der zweiten Strophe Anstoß genommen hat; so nichtig kann man doch nicht vom Menschen reden, was bleibt da noch von seiner Würde? Also hat man die Strophe »gemildert«:

Nichts bracht ich in dieses Leben,
da es mir,
Gott von dir,
ward zuerst gegeben.

Nichts nehm ich mit von der Erde,
wenn ich sie
nach viel Müh
einst verlassen werde.

Friedrich Wilhelm von Preußen, der Soldatenkönig, war mit dieser Strophe auch nicht recht zufrieden. Als am 31. März 1740 seine letzte Stunde gekommen war, befahl er, die Umstehenden möchten unser Lied anstimmen. Als sie an die Worte kamen: »Nackend werd ich auch hinziehen«, begehrte er trotz seiner Schwachheit auf und machte seinem Unmut mit den Worten Luft: »Das ist nicht wahr; ich werde in meiner Montierung begraben werden.« Doch wollte er damit nicht zum Ausdruck bringen, daß er als König vor Gott etwas voraushabe, dafür war er zu fromm. Er hat testamentarisch angeordnet, die Trompeter hätten bei seinem Begräbnis die Melodie von »O Haupt voll Blut und Wunden« zu spielen und ist mit den Worten: »Herr Jesu, du bist im Leben und Sterben mein Gewinn« gestorben.

Die siebte Strophe unseres Liedes hat im Leben Johann Jakob Mosers eine große Bedeutung gehabt. Er wurde 1751 zum Landschaftskonsulenten in Stuttgart bestellt. Die Landschaft war damals eine Art von Ständekammer, die die Rechte des Volkes gegenüber dem absoluten Herrscher zu vertreten hatte. Der Konsulent war ihr gewählter Rechtsbeistand, dessen Gutachten vor allen wichtigen Entscheidungen eingeholt wurde, der an den Sitzungen teilnahm und einen starken Einfluß ausüben konnte, wenn er der Mann dafür war. Der Herzog Karl Eugen, der ohnehin eine Anlage zur Gewalttätigkeit hatte, wurde durch seinen Minister Montmartin in seinen bösen Neigungen bestärkt. Schließlich forderte er auf Betreiben des Ministers »unbegrenzten und uneingeschränkten Gehorsam«; der Wille des Herzogs sei »tiefniedrigst zu verehren«. Mit Vorsicht zwar, aber nichtsdestoweniger mit aller Entschiedenheit und Unbeugsamkeit trat Moser als Landschaftskonsulent dieser Tyrannei entgegen und lud so den Haß des Herzogs auf sich. Am 12. Juli 1759 wurde er nach Ludwigsburg vor den Herzog befohlen. Ganz Württemberg zitterte um seinen Landschaftskonsulenten und rechnete mit dem schlimmsten Ausgang. Als Moser von dem Geheimsekretär in das herzogliche Kabinett geleitet wurde, sagte er zu diesem: »Unverzagt und ohne Grauen soll ein Christ, wo er ist, stets sich lassen schauen.« Ohne Verhör und ohne die Möglichkeit, sich verteidigen zu können, wurde er augenblicklich auf den Hohentwiel gebracht, wo er fünf Jahre lang in härtester Haft hungern und frieren mußte. Als er endlich auf kaiserlichen Befehl entlassen werden mußte, glich seine Heimkehr nach Stuttgart einem Triumphzug. Die Verse aus unserm Lied, die er in der entscheidenden Stunde gesprochen hatte, waren inzwischen in Württemberg zum geflügelten Wort geworden, ja man nannte den tapferen Mann gelegentlich wie mit einem Ehrentitel: »Unverzagt und ohne Grauen.«

In seinem Vortrag über Paul Gerhardt hat Rudolf Alexander Schröder auch Strophen aus unserm Lied zitiert und hinzugefügt: »Niemand von uns kann des Trostes dieses Liedes oft genug teilhaftig werden. In ihm erhebt sich unser Dichter zur vollen Höhe Luthers.«

ICH BIN EIN GAST AUF ERDEN

Psalm 119, 19; Hebräer 11, 13–16

EKG 326

Ich bin ein Gast auf Erden
und hab hier keinen Stand;
der Himmel soll mir werden,
da ist mein Vaterland.

Hier reis' ich bis zum Grabe,
dort in der ewgen Ruh
ist Gottes Gnadengabe,
die schließt all Arbeit zu.

Das ist geradezu ein episches, ein erzählendes Lied, ein Gesang mit Volksliedcharakter, sofern man dem Volkslied zubilligt, daß es ausspreche, was viele, ohne daß sie es in Worte zu fassen vermöchten, unbewußt empfinden und bejahen, daß es also die vielen verbindet und sie ihres Wesens bewußt werden läßt und dieses Wesen selbst vertieft. Es mutet an wie die gesungene Mär eines Lebens, die, mit zügigen und zwingenden Schritten von Strophe zu Strophe fortschreitend, dem Ziele zustrebt und also selbst zu einem Bild der Wanderung wird, die ihr Inhalt ist. Der Dichter blickt auf sein Leben zurück, das ihm als eine Wanderung durch fremdes Land erscheint. Viele Ereignisse treten vor sein Auge, aber er läßt sie in seinem Lied nicht Gestalt gewinnen; er zieht die Summe seines Lebens, und zwar so, daß der Christenmensch gleichsam sein eigenes Leben überschaut und dem Dichter mit seiner Aussage recht geben muß. Er zieht die Summe des Lebens schlechthin, so wie der Sänger des 90. Psalmes es vor ihm getan hat:

Unser Leben währet siebzig Jahre,
  und wenn's hoch kommt, so sind's achtzig Jahre,
und was daran köstlich scheint,
  ist doch nur vergebliche Mühe;
denn es fähret schnell dahin,
  als flögen wir davon.

Bei Paul Gerhardt kommt eine andere Summe heraus, weil er in seiner Rückschau einen andern Weg geht. Er entnimmt sein Thema dem Psalmwort »Ich bin ein Gast auf Erden« und führt in den ersten drei Strophen aus, was das heißt. Gast sein ist im allgemeinen eine freudige Angelegenheit; man wird bewillkommnet, bewirtet und beherbergt und darf sich wohl geborgen wissen.

Dieses Gastsein kennt die Bibel auch; unser Herr selbst ist oft als Gast eingekehrt, besonders in Bethanien. Hier aber ist ein anderes Gastsein gemeint. Die Bibel sagt, wir seien Gäste und Fremdlinge in der Welt und hätten hier keine bleibende Stadt. Von diesem Wort her beschreibt Paul Gerhardt unser Gastsein in der Welt. Wir sind in ihr nicht daheim, wir sind in der Fremde. Der Aufenthalt in der Fremde ist ein Zustand voller Entbehrung, Mühsal, Gefahr und Heimweh und wird in der althochdeutschen Sprache als *eli-lenti* bezeichnet, als das andere, das fremde Land. Wer die Heimat verlor, der sitzt im »Elend«, und das heißt Unglück und Not. Es ist ein Zeichen der Heimatverbundenheit des deutschen Menschen, daß ihm der Aufenthalt in der Fremde so sehr als Mißgeschick und Unglück erschien, daß der Begriff *ellend* mehr und mehr die Bedeutung von *misere*, jammervollem Zustand, leidvollem Dasein bekam.

Diesen weltlichen Sprachgebrauch hat die Lutherbibel aufgenommen und vertieft, indem sie das Wort für den von Gott gelösten Menschen gebrauchte. Der Gottlose ist, weil in der Ferne von Gott, im Ausland, im *e-lend,* denn des Menschen Heimat ist das Gottesreich. »Das Verlangen der Elenden hörest du, Herr.« »Wende dich zu mir und sei mir gnädig, denn ich bin einsam und elend.« Dieser biblische Sprachgebrauch ist auch im Kirchenlied aufgenommen:

Da jammert Gott in Ewigkeit
mein Elend über Maßen.

. . . daß er uns behüte an unserm Ende,
wenn wir heimfahrn aus diesem Elende.

Kreuz und Elende,
das nimmt ein Ende.

Das Wort Elend findet sich also auch bei Paul Gerhardt,

wenn auch nicht in diesem Lied; doch ist es in diesem Sinn vielfach umschrieben:

Was ist mein ganzes Wesen
von meiner Jugend an
als Müh und Not gewesen?
Solang ich denken kann,
hab ich so manchen Morgen,
so manche liebe Nacht
mit Kummer und mit Sorgen
des Herzens zugebracht.

Durch den Hebräerbrief läßt sich der Dichter darauf hinweisen, daß es auch den Vätern des Glaubens nicht besser ergangen ist, und also will auch er es nicht besser haben und ergibt sich in »gleiches Glück und Leid«. Aber diese Summe, aus dem Leben gezogen, wäre zu gering. Gerhardt läßt sich leiten von dem Wort: »Wir haben hier keine bleibende Stadt, sondern die zukünftige suchen wir.« Als biblische Wurzel muß man außerdem das Wort nennen, das der Hebräerbrief über die Erzväter sagt: »Diese alle sind gestorben im Glauben und haben das Verheißene nicht erlangt und haben bekannt, daß sie Gäste und Fremdlinge auf Erden sind. Denn die solches sagten, die gaben zu verstehen, daß sie ein Vaterland suchen. Wenn sie das gemeint hätten, von welchem sie ausgezogen waren, hätten sie Zeit gehabt, wieder umzukehren. Nun aber begehren sie eines besseren Vaterlandes, nämlich eines himmlischen. Darum schämt sich Gott ihrer nicht, ihr Gott zu heißen, denn er hat ihnen eine Stadt zubereitet« (Hebr. 11, 13–16).

Von dem himmlischen Vaterland singen die sieben letzten Strophen. Somit ergibt sich eine Zweiteilung des Liedes: hier Fremde, dort Heimat; oder auch: hienieden Mühe, Kampf und Streit, dort Friede, Freude, Seligkeit. Und das ist die Aussage der zweiten Liedhälfte: Meine Heimat ist im Himmel, dorthin steht mein Verlangen. Welt ade, ich bin dein müde; komm, Gott, und setze meiner Wanderschaft ein seliges Ende. Während der Dichter des 90. Psalms nur vergebliche Mühe sieht und sich zu der Bitte durchringt: »Herr, lehre uns bedenken, daß wir sterben müssen«, steht bei Gerhardt die Gewißheit letzter Geborgenheit und Heimat in Gottes Ewigkeit. Davon singen die beiden letzten sieghaften Strophen:

Du aber, meine Freude,
du meines Lebens Licht,
du ziehst mich, wenn ich scheide,
hin vor dein Angesicht
ins Haus der ewgen Wonne,
da ich stets freudenvoll
gleich als die helle Sonne
nebst andern leuchten soll.

Da will ich immer wohnen
und nicht nur als ein Gast
bei denen, die mit Kronen
du ausgeschmücket hast;
da will ich herrlich singen
von deinem großen Tun
und frei von schnöden Dingen
in meinem Erbteil ruhn.

Vermutlich ist das Lied spät entstanden; erstmals erschien es im Jahr 1666. Die besonderen Nöte des großen Krieges werden darin nicht mehr sichtbar, wenn auch die bösen Jahre noch nicht vergessen waren. Möglicherweise hat ein Ereignis, das Paul Gerhardt nur mittelbar betraf, den Anstoß zu dieser Dichtung gegeben. Zu Beginn des Jahres 1664 war ein Advokat vom Hofgericht in Treptow an der Rega auf einer Dienstreise in Berlin schwer erkrankt und siechte, fern von Frau und Kindern, schnell dahin. Paul Gerhardt stand dem Kranken, der sich in Sehnsucht nach den Seinen verzehrte, in großer Treue als Seelsorger bei, bis dieser um Ostern des gleichen Jahres starb. Die Gedächtnispredigt, die hernach im Druck erschien, trug den Titel »Die Fremde war der rechte Weg zum Vaterland«. Der mitgedruckte Lebenslauf bezeugte, daß der Kranke viel gesungen und gebetet habe und am 7. April 1664 in sein rechtes Vaterland versetzt worden sei. Auch die andern Beiträge zum Gedächtnisheft reden von der Fremdlingsschaft des Christen auf Erden. Vielleicht haben diese Umstände und die seelsorgerlichen Besuche bei dem Kranken den Dichter zu diesem Lied angeregt. Seine Entstehung fiele dann vermutlich ins Jahr 1666.

Das Leitbild des Liedes ist des Christen Pilgrimschaft durch diese Welt und durch das irdische Leben zur ewigen Heimat. Wie kaum in einem andern Lied bricht hier des Dichters Sehnsucht und Verlangen nach der ewigen Welt Gottes durch. So mag hier das Urteil einer klugen und frommen Frau über Paul Gerhardt und seine Lieder stehen: »Nach Luther, so muß ich gestehen, finde ich keinen besseren Liederdichter als Gerhardt. Er und Rist und Dach sind ein Kleeblatt, Luther aber die Wurzel. Gerhardt dichtete während des Kirchengeläutes; er war ein Gast auf Erden, und überall in seinen Liedern ist Sonnenwende gesät. Diese Blume dreht sich beständig nach der Sonne – und Paul Gerhardt nach der seligen Ewigkeit.«

MORGENSEGEN

EKG 346

Die güldne Sonne
voll Freud und Wonne
bringt unsern Grenzen
mit ihrem Glänzen
ein herzerquickendes, liebliches Licht.

Mein Haupt und Glieder,
die lagen darnieder;
aber nun steh ich,
bin munter und fröhlich,
schaue den Himmel mit meinem Gesicht.

In seiner »Huldigung an Paul Gerhardt« führt Kurt Ihlenfeld aus, Paul Gerhardt habe mit seinem Lebenswerk eine schon formelhaft verfestigte Lehre, der er selber unbeirrt anhing, wie sein Kampf gegen den Großen Kurfürsten zeigt, in den ursprünglichen, lebensunmittelbaren, »flüssigen« Zustand zurückverwandelt, den sie bei Luther besaß, und insofern sei es bei aller Neuartigkeit der Formgestalt doch ein reformatorisches Werk. »Kaum ein anderer Dichter des 17. Jahrhunderts wußte so wie Gerhardt Strenge mit Zartheit, Nüchternheit mit Innigkeit zu vereinigen und in solcher Vereinigung den Kern der Lehre, die auf das menschliche Herz und seine Erweckung gerichtete Liebestat Gottes wirklich dem Gemüte – und nicht bloß dem Verstand – faßbar zu machen. Und das in einem Augenblick, als sich schon allenthalben die Federn der Zweifler regten, um die Unmöglichkeit dieser Lehre zu beweisen, das Herz aus solcher ihm seit fast einem Jahrtausend zugewachsenen Verbindung zu lösen; in einem Augenblick zugleich, da dieses, von Leiden zermürbt, den Zweifelsfragen sich nur zu gerne öffnen mußte: Dies war die innere Situation, auf die Gerhardt mit seinen Gedichten stieß, und man kann ja nicht gut übersehen, daß diese – ohne je in dieser Absicht geschrieben zu sein, es gab keinen absichtsloseren Dichter im 17. Jahrhundert als Paul Gerhardt – alsbald anfingen, den von Westen herandringenden Gedanken des Zweifels und der Kritik im Volk, und zwar beim gemeinen wie beim gebildeten Mann, den Rang abzulaufen. Sie drangen ins Gemüt wie der Regen ins dürre Erdreich, sie erfüllten eine zeitliche Aufgabe, indem sie einen überzeitlichen Gehalt integrierten (hinein-einverleibten): hinter allen Gedichten stand als unverrückbarer Ausgangspunkt der Satz aus der Konkordienformel: ›. . . daß wahrhaftig das menschliche Geschlecht erlöset und mit Gott versöhnet sei durch Christum, der uns mit unschuldigem Gehorsam, Leiden und Sterben Gerechtigkeit, die vor Gott gilt, und das ewige Leben verdient hat.‹

War die Sonne einmal über der nächtigen Welt aufgegangen, so konnte man nicht so tun, als wäre es Nacht geblieben. Vielmehr mußte nun als nach Sonnenaufgang gelebt, gehandelt, gedacht, gedichtet werden. In der Tat ist Paul Gerhardts Lyrik so morgendlich, so sonnenhaft wie sonst keines andern deutschen Dichters seines Jahrhunderts – und eben darin und damit reformatorisch, protestantisch, evangelisch.«

Diese Aussage trifft in besonderer Weise auf unser Morgenlied zu. Zum erstenmal in *Pauli Gerhardti geistlichen Andachten* im Jahr 1666 erschienen und von Johann Georg Ebeling mit »Morgensegen« überschrieben, entfaltet es alle Gedanken eines Morgengebetes und greift damit weit über Luthers Morgensegen hinaus, den wiederzugeben, sich die Morgenlieder bis dahin befleißigt hatten. Es ist »wie der blaue Himmel, und über die tiefen, erhabenen Gedanken ist herrlicher Sonnenglanz gebreitet«. »Es ist ein Lied, golden, wie die Sonne aufgeht in ihrer Pracht, und voll sprühender Gottesgedanken.« Die Kernstrophen des Liedes sind fraglos das Beste von dem, was in den evangelischen Gesangbüchern an Morgenlieddichtung geistlicher Art zu finden ist. Der verborgene *cantus firmus* des Liedes ist der Lobpreis der unergründlichen Barmherzigkeit Gottes, und den Höhepunkt seiner Aussage bilden die Verszeilen:

Gott ist das Größte,
das Schönste und Beste,
Gott ist das Süßte
und Allergewißte,
aus allen Schätzen der edelste Hort.

Überaus stark, aber verborgen ist die biblische Verwurzelung des Liedes. In der zweiten und vierten Strophe wird auf die Schöpfung angespielt. Wir schauen, was Gott geschaffen hat, und erkennen seine Schöpfermacht, die die Welt erhält und trägt, Abend und Morgen schafft und über uns wacht. Und wie die Sonne immer wieder aufgeht, so hat Gottes Barmherzigkeit kein Ende, sondern ist alle Morgen neu, und seine Treue ist groß. In der 5. Strophe tauchen die ersten Bitten auf: bewahre mich, »daß der böse Feind keine Macht an mir finde«, laß mich in deinen Geboten gehn; segne meine Arbeit. Über die 6. Strophe könnte man das Gebot schreiben: »Laß dich nicht gelüsten«; doch ist sie auch bestimmt von der Aussage im ersten Kapitel der Sprüche; dort heißt es von den Habgierigen: »Mein Sohn, wandle den Weg nicht mit ihnen, halte deinen Fuß fern von ihrem Pfad, denn ihre Füße laufen zum Bösen; sie stehen sich selbst nach dem Leben. So geht es allen, die nach unrechtem Gewinn trachten; die Habgier nimmt ihnen das Leben.« Wer die 7. und 8. Strophe bedenkt, der wird an das Psalmwort erinnert werden:

»Du hast vorzeiten die Erde gegründet,
  und die Himmel sind deiner Hände Werk.
Sie werden vergehen, du aber bleibest;
  sie werden alle veralten wie ein Gewand;
wie ein Kleid wirst du sie wechseln,
  und sie werden verwandelt werden.
Du aber bleibest, wie du bist,
  und deine Jahre nehmen kein Ende.«

Worte von einsamer Größe und Gewalt! Und doch behaupten sich daneben bei aller Andersartigkeit die Verse Paul Gerhardts:

Alles vergehet,
Gott aber stehet
ohn alles Wanken;
seine Gedanken,
sein Wort und Wille hat ewigen Grund.

Sein Heil und Gnaden,
die nehmen nicht Schaden,
heilen im Herzen
die tödlichen Schmerzen,
halten uns zeitlich und ewig gesund.

Selbst die Beifügung »meine Krone« im 9. Gesätz, die, wie man vermuten möchte, nur des Reimes wegen sich angeboten hat, ist biblisch belegt; beim Propheten Jesaja heißt es im 28. Kapitel: »Der Herr Zebaoth wird sein eine liebliche Krone.« Die Wendung »vergib und schone« erinnert uns daran, daß Gott seines einzigen Sohnes um unsertwillen nicht hat verschonet, sondern ihn für uns alle dahingegeben hat. Für den Lobpreis Gottes in der 10. Strophe mögen als biblische Wurzel die beiden Worte genügen: »Der Vater ist größer als alles« (Joh. 10, 29); »Gott ist größer als unser Herz« (1. Joh. 3, 20). In der vorletzten Strophe ist, wie schon in der neunten, auf das Wort Samuels Bezug genommen: »Es ist der Herr; er tue, was ihm wohlgefällt« (1. Sam. 3, 18).

Zum Schluß waltet Paul Gerhardt, wie so oft in seinen Liedern, des Trostamtes, besingt die Stille, in der der Herr ist, wie Elia am Horeb erfahren hat, und endet sein unvergleichliches »Morgenlied« mit dem Bekenntnis aus Psalm 16: »Du tust mir kund den Weg zum Leben: Vor dir ist Freude die Fülle und Wonne zu deiner Rechten ewiglich.«

Kreuz und Elende,
das nimmt ein Ende;
nach Meeresbrausen
und Windessausen
leuchtet der Sonne gewünschtes Gesicht.
Freude die Fülle
und selige Stille
hab ich zu warten
im himmlischen Garten;
dahin sind meine Gedanken gericht'!

LOBGESANG

EKG 347

Lobet den Herren alle, die ihn ehren;
laßt uns mit Freuden seinem Namen singen
und Preis und Dank zu seinem Altar bringen.
Lobet den Herren!

Das Lied erschien schon 1653 in Johann Crügers Ausgabe, scheint sich aber nicht durchgesetzt zu haben und geriet in lange Vergessenheit. Zum erstenmal taucht es 1915 im Auslandsgesangbuch wieder auf. Die bündische Jugend hat es aufgegriffen. 1926 findet es sich zum erstenmal in dem neubearbeiteten Liederbuch »Was singet und klinget« des Bundes deutscher Jugendvereine (BDJ), und im Jahr darauf brachte es Walter Hensel mit dem vierstimmigen Chorsatz Crügers in den »Finkensteiner Blättern«. 1933 wurde es auch in die neuen Liederbücher des Reichsverbandes der evangelischen Jungmännervereine und des evangelischen Reichsverbandes weiblicher Jugend »Der helle Ton« und »Ein neues Lied« aufgenommen. Ein Jahr später war es auch in dem von Richard Gölz herausgegebenen Chorgesangbuch für die evangelischen Kirchenchöre in Württemberg zu finden, 1937 auch im Gesangbuch für Elsaß-Lothringen. Aus den Liederbüchern der bündischen Jugend und der Kirchenchöre ist dann das rasch bekannt gewordene und geliebte Morgenlied um 1950 ins Evangelische Kirchengesangbuch vorgerückt.

Es ist schwer zu sagen, ob der Text oder die Melodie dem Lied die Herzen so rasch erobert hat: vermutlich haben beide zusammengewirkt und zu diesem Ergebnis geführt. Doch möchte ich dem Text den Vorrang geben und zwar in der Strophenauswahl, wie sie schon in »Was singet und klinget« getroffen war: 1–3, 6–8. Die Aussage des Textes ist kurz und bündig, und wir fanden sie damals wie auf unsern Leib geschnitten. Das konnten wir ohne Abstrich mit

Herz und Lippen singend beten: Laßt uns mit Freuden Gott danken, der uns Leben und Gesundheit gibt und erhält und uns behütet, so daß wir unsere Sinne gebrauchen und Händ und Füße, Zunge und Lippen regen können. Er, der treue Hüter und Brunnen aller Güter, möge uns auch fernerhin bewahren und uns auf dem rechten Weg geleiten; er wolle unsern Willen antreiben, das Gute zu tun, und uns helfen, nach seinem Wort zu leben, eingedenk dessen, daß wir ihm Rechenschaft geben müssen am Jüngsten Tag.

Herr, du wirst kommen und all deine Frommen,
die sich bekehren, gnädig dahin bringen,
da alle Engel ewig, ewig singen:
»Lobet den Herren!«

Zwei Strophen sind bei dieser Auswahl übergangen, die uns ein wenig mittelalterlich vorkamen und die wir nicht recht ernst nehmen mochten, jedenfalls nicht so ehrlich und ganz von Herzen wie die andern Aussagen des Liedes. Inzwischen sind die Phosphorbombennächte über uns hinweggegangen, und wenn die Städte auch wieder aufgebaut sind und der Schmerz um die vielen Todesopfer im Lauf der Jahre abgeklungen ist: wir wissen noch davon und sind nicht mehr zu stolz und sicher, um ehrlich dankbar zu singen:

Daß Feuerflammen uns nicht allzusammen
mit unsern Häusern unversehns gefressen,
das machts, daß wir in deinem Schoß gesessen.
Lobet den Herren!

Und ähnlich steht es auch um die folgende Strophe. In der Zeit der Geiselnahmen, der Raubüberfälle und Hauseinbrüche, in der Zeit wachsender Kriminalität empfinden wir's nicht mehr abwegig, für die Bewahrung in der Nacht zu danken und mit Paul Gerhardt zu singen:

Daß Dieb und Räuber unser Gut und Leiber
nicht angetast' und grausamlich verletzet,
dawider hat sein Engel sich gesetzet.
Lobet den Herren!

Die Versform des Liedes geht zurück auf den römischen Dichter Horatius Flaccus; man nennt sie nach der griechischen Dichterin Sappho, die um 600 vor Christus gelebt hat, die sapphische Strophe. Schon Melanchthon hat sie für sein lateinisches Loblied auf die Engel angewandt. Ins Gesangbuch eingeführt wurde die sapphische Strophe durch Johann Heermann mit seinem berühmten Lied: »Herzliebster Jesu, was hast du verbrochen?« Paul Gerhardt hat den Versbau durch den Binnenreim in der ersten Verszeile verfeinert.

WACH AUF, MEIN HERZ, UND SINGE

EKG 348

Wach auf, mein Herz, und singe
dem Schöpfer aller Dinge,
dem Geber aller Güter,
dem frommen Menschenhüter.

Dieses dritte Morgenlied Paul Gerhardts ist nicht minder köstlich als die beiden andern. »Leset es, liebe Freunde, singt es! Gesegnet jeder Tag, der in solchem Licht beginnt«, hat Rudolf Alexander Schröder seinen Hörern bei seinem Vortrag über unsern Dichter zugerufen. Auch Matthias Claudius muß dieses Lied geliebt haben, denn er schreibt im »Junius«: »Die Lenzgestalt der Natur ist doch wunderschön, wenn der Dornbusch blüht und die Erde mit Gras und Blumen prangt. Und der Wald hat Blätter, und der Vogel singt, und die Saat schießt Ähren, und dort hängt die Wolke mit dem Bogen vom Himmel, und der fruchtbare Regen rauscht herab –

Wach auf, mein Herz, und singe
dem Schöpfer aller Dinge –

's ist, als ob Er vorüberwandle, und die Natur habe sein Kommen von ferne gefühlt und stehe bescheiden am Weg in ihrem Feierkleid und frohlocke. Ich bitte Ihn für mich und dich, daß dies uns widerfahre, lieber Bertram.«

Das Lied erschien schon in der dritten Auflage der *Praxis pietatis melica* vom Jahr 1648, ist also eines der frühesten Lieder des Dichters und stammt aus der Zeit seines ersten Berliner Aufenthaltes, als er noch nicht im Amte stand. Die Legende aber berichtet, das Gedicht sei in Lübben, seiner letzten Lebensstation, entstanden. Dort hätten ihm einige Mitglieder des Magistrats mit üblen Nachreden hart zugesetzt, so daß er den Satan, die falsche Welt und viele Feinde auf dem Hals gehabt habe. Davon sei die Schwermut über ihn gekommen in so heftiger Weise, daß er sich ihrer nicht anders zu erwehren wußte, als daß er sich in die Kirche flüchtete und vor dem Bild des Gekreuzigten niederwarf, in heißem Gebet um Kraft und göttlichen Beistand bittend. Nachdem er wieder einmal die lange Nacht mit dem Fürsten der Finsternis gerungen und endlich göttlichen Trost empfangen hatte, dichtete er – nach der Legende – am Morgen unser Lied mit den »nächtlichen« Strophen:

Heint, als die dunklen Schatten
mich ganz umgeben hatten,
hat Satan mein begehret;
Gott aber hats gewehret.

Ja, Vater, als er suchte,
daß er mich fressen möchte,
war ich in deinem Schoße,
dein Flügel mich beschlosse.

Du sprachst: »Mein Kind, nun liege
trotz dem, der dich betrüge;
schlaf wohl, laß dir nicht grauen,
du sollst die Sonne schauen.«

Paul Gerhardt war sein Leben lang, wie die Schrift unter seinem Bild von der Kirche von Lübben sagt, ein *theologus in cribo Satanae versatus*, ein im Sieb des Satans gewürfelter Gottesgelehrter. Die Anfechtung ist hier so dramatisch wiedergegeben, daß man an Martin Luthers Selbstzeugnis in seinem Lied: »Nun freut euch, lieben Christen gmein« erinnert wird, in dem es heißt: »Dem Teufel ich gefangen lag . . . die Angst mich zu verzweifeln trieb . . . zur Hölle mußt ich sinken.«

Im Gegensatz zu »Lobet den Herren alle, die ihn ehren«, setzte sich unser Lied rasch durch und trat den Siegeszug durch die Gesangbücher an. Sein Gedankengang ist einfach. Voraus geht die Ermunterung zum Lob des Schöpfers aller Dinge. Es folgen im Rückblick auf die vergangene Nacht der Dank für die Bewahrung vor dem bösen Feind und dann die Bitten: nimm mein Gebetsopfer gnädig an, vollende dein Werk an mir, laß dir mein Tun gefallen, wende alles zum besten, segne und behüte mich und nimm mich auf in deiner ewigen Welt, wenn meine letzte Stunde kommt.

Es ist bedauerlich, daß im Evangelischen Kirchengesangbuch das Umstandswort der Zeit »heint« durch »heut« ersetzt worden ist. Dadurch wird die Strophe schwer verständlich. Als Schüler der Unterstufe in der Dorfschule von Kürzell habe ich damit schon meine Schwierigkeit gehabt. »Heint« kann man nicht durch heute ersetzen, denn heint meint hier nicht den heutigen Tag, sondern die vergangene Nacht. »Hinecht« sagt man noch heute im Alemannischen. Hier wäre es auf eine Fußnote mehr nicht angekommen.

Ich habe das Lied mit sieben Jahren gelernt. Wenn ich es

im Kirchengesangbuch nachlese, stolpere ich noch heute an einigen Stellen, die in unserm alten Gesangbuch geglättet waren, wie man zu sagen pflegt und die uns Knirpsen das Verständnis erleichterten; die Aussage des Liedes wurde dadurch nicht beeinträchtigt. Wie respektlos, selbstherrlich, hochmütig und schulmeisterlich zu gewissen Zeiten aber mit unserm Lied umgegangen worden ist, mag die Fassung aus dem Straßburger Gesangbuch von 1808 bezeugen:

Wach auf, mein Herz, und singe
dem Schöpfer aller Dinge,
dem Geber aller Güter
und unserm treuen Hüter.

Mit göttlichem Erbarmen
beschützest du mich Armen;
so schlief ich ohne Grauen
und kann die Sonne schauen.

Wie fühl ich mich erquicket
und durch dich, Herr, beglücket!
Du machst, daß ich auf's neue
mich meines Lebens freue.

Steig auf, mein Dank, zum Throne!
Dem Vater und dem Sohne,
dem Geist des Herrn sei Ehre,
Anbetung, Preis und Ehre.

Hör, Gütigster, mein Flehen!
Du kannst ins Herze sehen.
Ach, möchte dir gefallen
des schwachen Mundes Lallen.

Laß deinen Geist mich leiten,
daß ich zu allen Zeiten
mich dir zum Opfer gebe
und heilig dankbar lebe.

Zu jeglichem Geschäfte
schenk Mut, Verstand und Kräfte;
dann werd ich meine Pflichten
mit Lust vor dir verrichten.

So unter deinem Segen
eil ich dir, Gott, entgegen.
Dein Wort sei meine Speise
auf meiner Pilgerreise.

Zum Schluß sei angeführt, was ein Erbauungsbuch zum Lob unseres Liedes zu sagen weiß. »Ein rechtschaffenes Christenherz sollte, sobald es vom Schlaf erwacht, seinem Gott zu Ehren den Lobgesang anstimmen: ›Wach auf, mein Herz, und singe‹, und so der von selbst aufspielenden Harfe Davids gleich sein, von der die Rabbinen sagen, der König David habe seine Harfe und seinen Psalter auch im Zelt bei sich gehabt. Wenn dann der Morgenwind die Saiten der Harfe angerührt habe, hätte sie die schönsten Morgenpsalmen von selbst gespielt, worauf sich der königliche Sänger ermuntert und seiner Harfe zugerufen habe: ›Wache auf, meine Ehre; wache auf, Psalter und Harfe!‹«

ABENDLIED

EKG 361

Nun ruhen alle Wälder,
Vieh, Menschen, Städt und Felder,
es schläft die ganze Welt;
ihr aber, meine Sinnen,
auf, auf, ihr sollt beginnen,
was eurem Schöpfer wohlgefällt.

Man hat mit Recht darauf hingewiesen, daß der Anfang dieses Abendliedes die Wiedergabe einer berühmten Stelle des römischen Dichterfürsten Virgil ist, die in deutscher Übertragung lautet:

Nacht war's, und es genoß holdseligen Schlummer, ermüdet,
alles, was lebt auf Erden: Die Wälder und wilden Gewässer
ruheten, jetzt, da mitten im Lauf hinrollen die Sterne,
da rings schweigen die Felder, das Vieh und buntes Gevögel.

»Wichtiger ist für uns«, sagt Rudolf Alexander Schröder, »daß gleich diese erste Strophe das formale Schema des Gedichts aufstellt. Die Strophen sind zweigeteilt. Der Aufgesang schildert das Tagesende, und der Abgesang gibt die entsprechende Betrachtung, bis dann zuletzt im Augenblick des Einschlafens Vorgang und Betrachtung in eines zusammenfließen. Wir erleben den Abendgang eines Mannes, der noch einmal den Blick in die verdämmernde Welt neben sich und über sich wandern läßt, um dann sein Kämmerlein aufzusuchen. Was hat reiner, frommer Dichtergeist aus diesem schlichten Vorwurf zu machen gewußt!«

Nicht immer und überall wurde das Lied und sein formales Schema so hoch eingeschätzt. Noch 1914 hat Hermann Petrich, der Biograph Gerhardts, kunstkritische Bemerkungen gegen das Lied vorgebracht: »Die ziemlich unorganische Aneinanderreihung und Protokollierung der einzelnen Tätigkeiten beim Zubettgehen, die regelmäßige Verteilung des sinnlichen Vorgangs und seiner geistlichen Deutung auf die erste und zweite Strophenhälfte machen den allegorischen Mechanismus aufdringlicher sichtbar, als dem durchgebildeten Kunstgefühl zusagt. Trotzdem ist es nicht zufällig, daß gerade dieses Lied, besonders in seinem stimmungsvollen Eingang und Schluß zu denjenigen gehört, die am tiefsten ins Volksbewußtsein eingedrungen sind. Das Kunstempfinden des werktätigen Volkes gehorcht seinen eigenen Gesetzen, die mit der Kunstlehre der Gebildeten nicht immer zusammenfallen.«

Wir lassen die »Kunstlehre der Gebildeten« auf sich beruhen und geben Christian Karl Josias von Bunsen (1791–1860) das Wort, einem in dieser Frage sachkundigen Mann: »Dieses Lied ist eines der beliebtesten und bekanntesten Lieder christlicher Andacht in ganz Deutschland geworden. In einem wahrhaft kindlichen Volksgeist gefühlt und gedacht, vereinigt es in seltener ungekünstelter Einfachheit des Ausdrucks eine Erhabenheit der Gedanken, eine Tiefe christlicher Erkenntnis, einen Reiz an Poesie, daß es für diese Gattung von Liedern als ein ewiges Muster gelten muß. Wer in den Gegenden Deutschlands gelebt hat, wo die Gesänge der lutherischen Kirche sich noch im Mund des Volkes erhalten haben, der weiß, wie dieses Lied oft auf besternter Flur von den heimkehrenden Land- und Bergleuten gesungen wird, und wie es des Abends in den friedlichen Stuben erklingt und von den Türmen erschallt.« Nun, so ist es heute gewiß nicht mehr, leider; dennoch hat Bunsen recht, wenn er das Lied als ein Gebet eines Gotteskindes bezeichnet, »das, nachdem es des Tages Last und Hitze getragen hat, sich der Ruhe und Stille der sternhellen Nacht anvertraut, indem es sich vom Sichtbaren zu den Gedanken des nie untergehenden Lichtes, des Lebens in Gott und der ewigen Ruhe erhebt, die Gott den Seinen bereitet hat, und sich und die Seinen getrost in die Arme seines schützenden Heilandes legt.«

Der hessische Kirchenvater August Vilmar (1800–1868) urteilt: »In Gerhardts Abendlied haben wesentliche evangelische Anschauungen, die in ihrer Anwendung auf bestimmte Seiten des christlichen Lebens bis dahin noch gar nicht oder nur ungenügend ausgesprochen waren, ihren vollgültigen Ausdruck gefunden. Die irdische und zeitliche Ruhe erhält in diesem Lied ihre evangelische Weihe und Heiligung als ein Vorbild der geistlichen Ruhe in dem, der mein ist, wie ich sein bin.«

Diese Würdigungen sollen aber nicht die Tatsache verwischen, daß unser Gesang ein Märtyrer unter den Kirchenliedern ist. Wie an keinem andern hat sich an ihm der wankelmütige, aber herrschsüchtige Zeitgeist in zornigem Unmut ausgetobt, um es bis zur Unkenntlichkeit zu verunstalten. Schon zu Zeiten Friedrichs des Großen war es zu einem Gegenstand des Spottes und des Ärgernisses geworden. Die Gebildeten rümpften die Nase über Vieh, Schuhe und andere unpoetische und gewöhnliche – oder wie sie sagten – gemeine Ausdrücke. Sie ärgerten sich, daß das Vieh vor dem Menschen genannt wurde; die kreuzweise Gegenüberstellung von Tier und Mensch mit ihrem Aufenthaltsort in Stadt und Feld und die darin sich bekundende humanistische Feinheit erkannten sie nicht. Die Geistreichen und die eingefleischten Rationalisten bezeichneten die erste Strophe als baren Unsinn; denn wie könne man von den Wäldern, die doch ohne Leben seien und nie arbeiteten, behaupten, daß sie ruhten! Und wie dürfe man sagen, die ganze Welt schlafe, wenn man doch wisse, daß gerade dann, wenn wir uns zum Schlafe legen, unsere Gegenfüßler wach und munter werden und also höchstens die halbe Welt schlafe und auch von dieser wiederum nur ein Teil, denn viele Kranke könnten nicht und die wachhabenden Soldaten dürften sich nicht dem Schlaf hingeben. So hat man denn in der Zeit der Aufklärung besonders an der ersten Strophe viel herumgebosselt und gebastelt, um sie dem aufgeklärten Zeitgeist genehm zu machen. In meinem Gesangbuch von 1808 lautet sie:

Nun ruhet in den Wäldern,
in Städten und in Feldern
ein Teil der müden Welt.
Erhebet euch, Gedanken,
erhebt euch, dem zu danken,
dem Dank des Herzens wohlgefällt.

Immerhin kann man an den ersten Zeilen das Lied noch erkennen. In den übrigen acht Strophen findet sich nicht eine einzige Verszeile von Gerhardt mehr. Die vorletzte Strophe: »Breit aus die Flügel beide« und die letzte: »Auch euch, ihr meine Lieben« lauten in dieser Fassung so:

Ich darf nicht ängstlich beben:
du, Gott, bewahrst mein Leben,
du selbst, der es mir gab.
Bis ich es hier beschließe,
dort deines Lichts genieße,
ziehst du von mir die Hand nicht ab.

Nun, Vater, ich befehle
dir Habe, Leib und Seele
und schlaf in sichrer Ruh.
Ich trau auf deine Gnade:
was ist wohl, was mir schade?
Allmächtiger, mein Schutz bist du.

Im Jahr 1780 sollte in Berlin das »Gesangbuch zum gottesdienstlichen Gebrauch in den preußischen Landen« eingeführt werden. Es handelte sich um ein echtes Aufklärungsgesangbuch; die Rechtgläubigen sprachen statt dessen in bitterer Ironie von einem »Entleerungsgesangbuch«. Seine Verfechter wollten es den widerstrebenden Gemeinden mit Hilfe der Staatsmacht aufzwingen. Als sich die vier Berliner Gemeinden standhaft weigerten, das Gesangbuch zu übernehmen, ging ihnen ein Erlaß zu, den Friedrich II. mit dem eigenhändigen Zusatz versehen hatte: »Ein jeder kann bei mir glauben, was er will, wenn er nur ehrlich ist. Was die Gesangbücher angeht, so steht einem jeden frei zu singen ›Nun ruhen alle Wälder‹ oder dergleichen törichtes und dummes Zeug. Aber die Priester dürfen die Toleranz nicht vergessen, denn ihnen wird keine Verfolgung gestattet werden.« Aus diesen Worten geht hervor, daß der König kein Verständnis für die deutsche Dichtung hatte, was zur Genüge bekannt ist. Aber es ist auch festzuhalten, daß dieses Königswort – mag es auch noch soviel dazu beigetragen haben, unser Lied herabzusetzen – nicht gegen die Rechtgläubigkeit gerichtet ist, sondern gegen die Männer, die den Gemeinden dieses Aufklärungsgesangbuch gegen ihren Willen aufzwingen wollten. Im »Gesangbuch zum gottesdienstlichen Gebrauch in den königlich preußischen Landen« von 1800 ist das Lied ausgemerzt.

Viel gemäkelt wurde vor allem auch an der vorletzten, der Gebetsstrophe. »Das mag mit daher rühren«, meint Rudolf Alexander Schröder, »daß fromme Einfalt sie zum Kindergebet, ich will nicht sagen degradiert, aber doch nicht ganz richtig verwandt hat. Es wurde dabei kaum bedacht, in welch nahem Bezug zur Bildersprache dieses Gebetes die Klage des Herrn über die abtrünnige Stadt Jerusalem steht. ›Wie oft habe ich deine Kinder versammeln wollen, wie eine Henne versammelt ihre Küchlein unter ihre Flügel; und ihr habt nicht gewollt‹ (Matth. 23, 37). Im Gegensatz zu diesen verlorenen Kindern steht der Christ, steht die Kirche, die wahre Burg Zion, deren Haus nicht wüste gelassen werden soll, die mit Freuden den Tag erwarten darf, an dem auch sie sagen wird: ›Gelobt sei, der da kommt im Namen des Herrn.‹ Mit leiblichem Kindsein hat das Kind unserer Bitte nichts zu tun, wohl aber mit geistlichem. Ihr Zielpunkt ist weltweit, die Strophe bedeutet nicht ein Absinken, sondern die Krone des Liedes. Überhöht wird sie nur noch durch die letzte:

Auch euch, ihr meine Lieben,
soll *heinte* nicht betrüben
kein Unfall noch Gefahr.
Gott laß euch selig schlafen,
stell euch die güldnen Waffen
ums Bett und seiner Engel Schar.

Da mündet unser Lied in das tiefe Geheimnis christlichen Gebets, in die Fürbitte. Nicht für ein paar Hausgenossen oder etwa noch für den kranken Nachbarn des Claudius wird die Schar der Helden, werden ihre güldnen Waffen letzten Endes bemüht. Wir alle sind mit gemeint, die ganze Christenheit ist mit eingeschlossen in diese Liebesbitte. – So ist unser Lied wiederum ein Gemeindelied und das noch in ganz anderem Sinne als das schöne Gedicht, das dem Wandsbecker Boten aus ihm heraus erwachsen ist.«

SOMMERLIED

EKG 371

»O Wunder des Daseins! Immer wieder überwältigt es mich: daß die Welt ist. Ausgestreut ins unnennbar Leere die flammende Saat der Sterne; hingepflanzt zu meiner Seite das stille Gras. Der Hund auf meinem Schoß blickt mich an. Der Baum am Wege tritt auf mich zu. Das Licht des Himmels wartet darauf, daß ich seinem Schein mein Herz öffne, und der Mensch neben mir vertraut mir Glück und Not. So finde ich mich eingewoben in alles, was ist; gebend und nehmend, angeredet und antwortend. Zwar kann ich das Geschaffene, dem ich geschwisterlich beigestellt bin, verleugnen. Ich kann Antwort und Liebe verweigern. Aber auch in meiner Abwendung noch bleibe ich aufgenommen in den Herzschlag des Seienden.

Gott hat das Wunder des Daseins ohne Unterschied ausgespendet, denn von diesem Wunder lebt auch das Entartete noch, das Kranke, das Böse. Die Welt, die der Mensch zu seinem Riesenspielzeug gemacht hat, auch sie gründet in der Gnade des Daseins. Und wo wir das Wunder des Daseins nicht mehr empfinden: wir selbst als die Daseienden – sind das Wunder. Das Herz dieses Wunders aber heißt Schöpfung. Und auf einmal will mir scheinen, als wiesen alle Dinge um mich her auf *Ihn*, der sie geschaffen hat. Als leuchtete sein Name vom Grund der geschaffenen Dinge herauf. Alle Schönheit spricht zart ihren Sinn aus, ob sie der Mensch gleich im Staub seiner Hoffnungslosigkeit beschmutzt und zertreten hat; die Zeichen, die ihre Kraft verloren haben, die Gaben, die unser Hochmut verwildern ließ, das Lied, dessen Klang verdarb – es raunt alles nochmals von dem Vater, der es durch sein Liebeswort heraufgerufen hat. Dieses Wort ist noch nicht verhallt. Seine Kraft mag sich verhüllen; sie ist dennoch vorhanden. Sein Name mag für unser Ohr verstummen; es klingt dennoch weiter fort in den Gründen, die unsere Sinne nicht mehr erreichen. Die Schrift, mit der Gott der Vater den Sinn der Welt schrieb, ist immer noch zu lesen: zerätzt zwar durch das Gift der Sünde, schwer zu entziffern unter der Kruste von Schuld und Ungehorsam. – Aber lies nur, versuche zu lesen! Schaue!

Geh aus, mein Herz, und suche Freud
in dieser lieben Sommerzeit
an deines Gottes Gaben;
schau an der schönen Gärten Zier
und siehe, wie sie mir und dir
sich ausgeschmücket haben.

Das Schauen ist vor dem Urteilen, das Staunen vor dem Verstehen. Wir leben heute vielleicht in einer zu großen Ferne vom Erschaffenen, als daß wir die Dinge noch mit den Augen des frommen Dichters betrachten könnten, der in dem irdischen Garten das Bild des himmlischen sieht und aus solchem Anblick Ermutigung des Glaubens gewinnt. Aber was wir auf dem Leidensweg der Bewußtheit an unmittelbarer Kraft des Schauens verloren haben, das gewannen wir als vertiefte Einsicht zurück. Und diese Einsicht lehrt uns, daß wir von dem Wunder des Daseins, viel mehr noch vom Wunder der Schöpfung wie eh und je auf Glauben und Ehrfurcht gewiesen sind.« (Willy Kramp)

Von der Wendung »in dieser lieben Sommerzeit« hat man sich angewöhnt, die Dichtung mit Paul Gerhardt als Sommerlied zu bezeichnen. Doch meint der Dichter nicht den Hochsommer mit der Weizenernte, sondern den Frühsommer, wenn in den Gärten die Blumen prangen, das Gras auf den Wiesen zur Mahd ansteht und der Weizen in die Ähren schießt. Manche Liedkundige möchten die Dichtung am liebsten mit »Gartenlied« bezeichnen; denn in der ersten Strophe weist Paul Gerhardt auf der »schönen Gärten Zier« hin, in der zehnten richtet er sein Auge auf den Garten Christi, und im letzten Gesätz wird ihm der Garten zum Gleichnis:

Verleihe, daß zu deinem Ruhm
ich deines Gartens schöne Blum
und Pflanze möge bleiben.

Dieses *bleiben* verrät die Überzeugung des Dichters, daß der Garten Christi insgeheim schon auf dieser Erde Wirklichkeit wird, wenn der »Sommer der göttlichen Gnade« Früchte des Glaubens sprießen läßt und der Heilige Geist den Menschen zum guten Baum macht.

Paul Gerhardt lebte in der Welt und Sprache der Bibel und wußte sich seiner Lebtag von ihr bestimmt. So ist sein Sommerlied keineswegs der Durchbruch zu einem neuen Naturgefühl im Sinne der Naturbeseeltheit, einer Unendlichkeitssehnsucht oder gar der Empfindsamkeit und Schwärmerei. Sein Naturbild ist völlig von der Bibel her bestimmt, so sehr, daß er in seinem Lied außer der Lerche und der »hochbegabten Nachtigall« nur Tiere und Pflanzen nennt, die auch die Bibel kennt. Nach Hirten und ihren Schafen brauchte er nicht lange zu suchen, ebensowenig nach dem Weinstock. Die Bienen mit ihrem unermüdlichen Fleiß nennt Sirach im elften Kapitel, das Bild von der Glucke, die ihre Kücken mit ihren Flügeln bedeckt, gebraucht unser Herr in seinem Klagewort über Jerusalem (Matth. 23, 37). Das Schwälblein mit seinen Jungen ist in

Psalm 84 erwähnt: »Der Vogel hat ein Haus gefunden und die Schwalbe ein Nest für ihre Jungen – deine Altäre, Herr Zebaoth, mein König und mein Gott.« Die große Schar mit Palmen in den Händen begegnet uns im 7. Kapitel der Offenbarung; der Ausklang des Liedes ist von den Schlußversen des 92. Psalms bestimmt. Der freudige Charakter des Sommerliedes aber scheint von zwei Stellen aus dem Hohenlied bestimmt zu sein:

Siehe, der Winter ist vergangen,
der Regen ist vorbei und dahin.
Die Blumen sind aufgegangen im Lande,
der Lenz ist herbeigekommen,
und die Turteltaube läßt sich hören im Land.
Der Feigenbaum hat Knoten gewonnen,
und die Reben duften mit ihren Blüten.
Komm, mein Freund, laß uns aufs Feld hinausgehen
und unter Zyperblumen die Nacht verbringen,
daß wir früh aufbrechen zu den Weinbergen und sehen,
ob der Weinstock sproßt und seine Blüten aufgehen.
Die Liebesäpfel geben den Duft,
und an unserer Türe sind lauter edle Früchte.

Die dankbare Freude an Gottes Schöpfung ist in dem Bekenntnis zusammengefaßt:

Ich selber kann und mag nicht ruhn,
des großen Gottes großes Tun
erweckt mir alle Sinnen,
ich singe mit, wenn alles singt,
und lasse, was dem Höchsten klingt,
aus meinem Herzen rinnen.

Mit dieser Strophe wird die erste Liedhälfte beschlossen, und meist bildet sie zugleich den Schluß des Liedes. Aber wenn man Paul Gerhardt und seinem Lied keine Gewalt antun will, muß man mindestens die drei folgenden Strophen dazunehmen. Es bleibt bewundernswert, wie die

Sommerseligkeit der ersten Liedhälfte sich ohne Bruch und Schaden verbindet mit der Sehnsucht nach der ewigen Welt Gottes. »Was kein Auge gesehn und kein Ohr gehört hat und in keines Menschen Herz gedrungen ist, das hat Gott denen bereitet, die ihn lieben.«

Ach, denk ich, bist du hier so schön
und läßt du's uns so lieblich gehn
auf dieser armen Erden:
was will doch wohl nach dieser Welt
dort in dem reichen Himmelszelt
und güldnen Schlosse werden!

O wär ich da, o stünd ich schon,
ach großer Gott, vor deinem Thron
und trüge meine Palmen:
so wollt ich nach der Engel Weis'
erhöhen deines Namens Preis
mit tausend schönen Psalmen.

Das Lied erschien erstmals in der *Praxis pietatis melica* von 1650, im zweiten Jahr nach dem Westfälischen Frieden. Es ist dreimal kirchenliedmäßig vertont worden, zuletzt von Walther Hensel im Jahr 1926 zum 250. Todestag des Dichters. Es ist sehr zu beklagen, daß diese edle Weise, die der Dichtung auf den Leib geschnitten ist, nicht ins Kirchengesangbuch aufgenommen wurde. Alle andern Melodiezuweisungen sind armseliger Notbehelf. Am besten klingt noch die Weise von August Harder aus dem Jahr 1813, mit der die Dichtung zum geistlichen Volkslied geworden ist. Aber eben diese Weise hat dem Lied die Kirchentür versperrt. Aber muß denn alles hoch feierlich und getragen tönen, was in der Kirche laut wird? Was heißt denn *kirchenliedmäßig?*, und was soll der Unterschied zwischen Choral und geistlichem Volkslied in unserm Fall? Wenn wir doch mehr »geistliche Volkslieder« von der Gediegenheit des Gerhardtschen Sommergesanges hätten!

UM GLÜCK UND SEGEN ZU ALLEM CHRISTLICHEN VORHABEN

Jeremia 10, 23

EKG 384

Ich weiß, mein Gott, daß all mein Tun
und Werk in deinem Willen ruhn,
von dir kommt Glück und Segen;
was du regierst, das geht und steht
auf rechten, guten Wegen.

Unter den Liedern der Woche, die einem Sonntag oder Festtag in besonderer Weise zugeordnet und also aus der Fülle der Lieder herausgehoben sind, ist Paul Gerhardt ausgesprochen schlecht vertreten. Keines seiner Advents-, Weihnachts- oder Osterlieder ist erwählt worden; nicht einmal sein einzigartiges »Nun laßt uns gehn und treten« ist für den Altjahrsabend zu Gnaden gekommen. »Befiehl du deine Wege«, »Ist Gott für mich, so trete« und »Gib dich zufrieden und sei stille« sind nicht berücksichtigt worden. Nur »Ein Lämmlein geht und trägt die Schuld« ist als Lied zum Karfreitag herausgestellt, und als einziges Wochenlied tritt das bescheidene »Ich weiß, mein Gott, daß all mein Tun« hervor. Es ist dem 9. Sonntag nach Trinitatis mit dem Evangelium vom klugen Haushalter und mit dem Wochenspruch »Sehet wohl zu, wie ihr wandelt, nicht als Unweise, sondern als Weise« (Eph. 5, 15) zugeordnet.

Das Lied erschien 1653 in Johann Crügers Ausgabe; die Überschrift, die wir oben wiedergegeben haben, stammt von Johann Georg Ebeling. Das Gedicht ist die freie Auslegung des Wortes bei Jeremia im 10. Kapitel: »Ich weiß, Herr, daß des Menschen Tun nicht in seiner Gewalt steht, und es liegt in niemandes Macht, wie er wandle oder seinen

Gang richte.« Es ist hilfreich, die Aufmerksamkeit auf einen Vers zu richten, der diesem Wort vorausgeht: »Die Hirten sind zu Toren geworden und fragen nicht mehr nach dem Herrn; darum kann ihnen nichts Rechtes gelingen.« So lautet der Tenor des Liedes: Weil es in keines Menschen Macht steht, selbstherrlich über sein Leben zu verfügen und zu vollbringen, was ihm vorschwebt, weil es unversehens dahin kommen kann, daß jene Stelle bei Jeremia gilt: »Mein Zelt ist zerstört, und alle meine Seile sind zerrissen. Meine Kinder sind von mir gegangen. Niemand richtet meine Hütte wieder auf«, so laßt uns nach Gottes Willen fragen und ihn vollbringen, damit unser Werk gelinge und unser Leben an sein Ziel komme. Aus solcher Einsicht entspringt die Bitte um Verstand, göttliche Weisheit und Kraft. Gib mir ein, was gut ist; verhindre, was dir zuwiderläuft; was vor dir recht ist, das laß mir gelingen. Mein bestes Teil sei deine Liebe und Ehre.

Was dir gefällt, das laß auch mir,
o meiner Seelen Sonn und Zier,
gefallen und belieben;
was dir zuwider, laß mich nicht
in Werk und Tat verüben.

Die zweite Liedhälfte wird eröffnet durch den Hinweis auf den Rat Gamaliels, des Lehrers an der Tempelakademie in Jerusalem, zu dessen Füßen Paulus gesessen hat: »Ist der Rat oder das Werk aus den Menschen, so wird's untergehen; ist's aber aus Gott, so könnt ihr sie nicht hindern.« Das heißt in unserm Lied so:

Ists Werk von dir, so hilf zu Glück;
ists Menschentun, so treib zurück
und ändre meine Sinnen.
Was du nicht wirkst, das pflegt von selbst
in kurzem zu zerrinnen.

Der Dichter hat sich durch meditative Betrachtung die

Aussage des Schriftwortes ganz zu eigen gemacht, hat sie mit persönlichen Beobachtungen und Erfahrungen gesättigt und sie aus sich heraus zum selbständigen Lied gestaltet. Es sind die besten Lieder Gerhardts, die auf solche Weise zustande gekommen sind. Neben unserm Lied gehören zu dieser Gruppe »Befiehl du deine Wege«, »Gib dich zufrieden und sei stille« und »Ist Gott für mich«. Die Gedanken des Dichters gehen bisweilen weit über den Rahmen des Textes hinaus, und das Schriftwort gibt nur die Grundmelodie für das Lied ab, die zwischendurch immer wieder hörbar wird, oder hat – wie bei »Befiehl du deine Wege« – die Funktion einer Schnur, an der die Strophenperlen sich aufreihen. Ohne Zweifel hat gerade in diesen Liedern die besondere Gabe Gerhardts, die evangelische Bekenntnisgrundlage mit dem Bedürfnis der Gemeinde, das objektive, unwandelbare mit dem persönlichen, beweglichen Element evangelischen Heilsglaubens aufs innigste zu reiner Harmonie zu verbinden, die schönsten Früchte getragen.

DANKLIED FÜR DIE VERKÜNDIGUNG DES FRIEDENS

EKG 392

»Der große Krieg dauerte ins dreißigste Jahr. Kümmerlicher trugen die Äcker; die Zucht der Tierrassen verwilderte. Über manchem Acker wuchs der Wald. Dörfer wurden zeitweise menschenleer. Saatkorn war nicht mehr da. Bettelnd, plündernd zogen die Menschen umher. Die Bevölkerung drohte sich vom Boden zu lösen. Aus den Städten waren viele davongeflohen, solange sie noch hofften, anderswo mit einigem geretteten Vermögen ein Leben zu gründen.

Da liegt mit zerschossener Mauer die Stadt, zerbrochen sind die Kirchtürme, die Mühle verbrannt. Draußen wuchert über viele Äcker Gestrüpp. Im tief ausgefahrenen Geleis der Heerstraße schwankt ein Reisewagen; Gepanzerte reiten vorn und hinten. Und weiter zurück hinkt zerlumpt, scheu ein invalider Bettler. Ein Dorf ist fast völlig ausgebrannt; ein paar strohgedeckte Hütten sind wieder zurechtgebaut. Im Feld ziehen ein Weib und eine Kuh nebeneinander den Pflug, den ein Mann lenkt. Ein Mann und ein Knabe stehen bewaffnet auf dem nächsten Hügel und überspähen die Gegend, ob kein räuberisches Gesindel nahe. Doch nun, was ist das? Ein leises Tönen geht durch die Luft, Wehen eines sanften, weichen Windes. Die Leute neigen lauschend das Haupt und glauben es nicht. Was tönt so süß? Friede, Friede!« (Walther Classen)

Gott Lob, nun ist erschollen
das edle Fried- und Freudenwort,
daß nunmehr ruhen sollen
die Spieß und Schwerter und ihr Mord.
  Wohlauf und nimm nun wieder
  dein Saitenspiel hervor,
  o Deutschland, und sing Lieder
  im hohen vollen Chor!
  Erhebe dein Gemüte
  zu deinem Gott und sprich:
Herr, deine Gnad und Güte
bleibt dennoch ewiglich.

Am 8. November 1648 läuteten in den märkischen Landen auf kurfürstlichen Befehl zur Friedensfeier die Glocken von allen Türmen, und von den Kanzeln wurde mit Dank gegen Gott das große Ereignis gewürdigt, das so lang unter Tränen ersehnt worden war. Vermutlich hat Paul Gerhardt für dieses Friedensfest sein Lied gedichtet; gedruckt erschien es erst vier Jahre später.

Es ist ein verhaltenes Lied, noch unter Tränen angestimmt, ohne lauten Jubel und Viktoriaruf. Es galt ja auch keinen Sieg zu feiern, nur der Dank für die »teure, werte Friedensgab« war Gott darzubringen. Vielleicht wollte der Dichter ein großes Dank- und Loblied anstimmen und hat darum die großartige Strophenform von »Nun lob mein Seel den Herren« für seinen Gesang gewählt. Aber nur durch die erste Strophe zittert die Freude und der Dank, und der Mut des Dichters reicht gerade noch aus, sich selbst und seinem Vaterland ermunternd zuzurufen, das Herz zu Gott zu erheben und zu sprechen:

Herr, deine Gnad und Güte
bleibt dennoch ewiglich.

Dann bricht die Erinnerung mit Macht über ihn herein; das unsägliche Leid wacht noch einmal auf, die schrecklichen Bilder des Krieges treten vor seine Seele, die zerstörte Jugendheimat, verbrannt die Häuser, auch Kirche und Schule und Vaterhaus, erschlagen oder von der Pest weggerafft die Bewohner, die Geschwister und Verwandten, die Gefährten der Jugend, zerstampft die Felder, wuchernde Heide, wo einst der Pflug ging und wo man Ähren las.

Hier trübe deine Sinnen,
o Mensch, und laß den Tränenbach
aus beiden Augen rinnen,
geh in dein Herz und denke nach!

So wird das Friedenslied zu einem Bußlied:

Wir sind fürwahr geschlagen
mit harter Straf und Rut,
und dennoch muß man fragen,
wer ist, der Buße tut?

Der Schluß dieses Liedes ist beeinflußt von den Worten des Propheten Jesaja an das erniedrigte Jerusalem im 51. Kapitel: »Werde wach, werde wach, steh auf, Jerusalem, die du getrunken hast von der Hand des Herrn den Kelch seines Grimmes! Den Taumelkelch hast du ausgetrunken, den Becher geleert. Es war niemand von allen Söhnen, die sie geboren hat, der sie leitete, niemand von allen Söhnen, die sie erzogen hat, der sie bei der Hand nahm. Dies beides ist dir begegnet: – wer fragt nach Leid um dich? – Verwüstung und Schaden, Hunger und Schwert; – wer hat dich getröstet? Deine Söhne lagen auf allen Gassen verschmachtet wie ein Hirsch im Netz, getroffen vom Zorn des Herrn und vom Schelten deines Gottes. Darum höre dies: So spricht dein Herrscher, der Herr und dein Gott, der die Sache seines Volkes führt: Siehe, ich nehme den Taumelkelch aus deiner Hand, den Becher meines Grimmes. Du sollst ihn nicht mehr trinken.« Wenige Verse später folgt dann die herrliche Friedensbotschaft: »Wie lieblich sind auf den Bergen die Füße der Freudenboten, die da Frieden verkündigen, Gutes predigen, Heil verkündigen, die da sagen zu Zion: Dein Gott ist König!«

Die überstandenen Schrecken des großen Krieges, die in den Herzen noch lange nachzittern, mahnen an den heraufziehenden Jüngsten Tag, dem wir entgegengehn. Am Ende aber steht – wie so oft bei Paul Gerhardt – und hier durch das Prophetenwort begründet, das Wort des Trostes:

Wer aber Christum liebet,
sei unerschrocknen Muts;
der Friede, den er gibet,
bedeutet alles Guts.
Er will die Lehre geben:
das Ende naht herzu;
da sollt ihr bei Gott leben
in ewgem Fried und Ruh.

Ist das Lied veraltet und für uns Heutige nicht mehr zumutbar? Eine Generation, die zwei blutige Kriege mit soviel Leid und Unrecht hinter sich hat, sollte auch dieses Wort des Dichters Paul Gerhardt aufzunehmen wissen.

ALPHABETISCHES VERZEICHNIS DER LIEDER

BENUTZTE LITERATUR

Paul Kaiser: Paul Gerhardts sämtliche Lieder

Hermann Petrich: Paul Gerhardt, ein Beitrag zur Geschichte des deutschen Geistes. Gütersloh 1920

Kurt Ihlenfeld: Huldigung für Paul Gerhardt. Verlag Merseburger, Berlin 1956

Karl Hesselbacher: Paul Gerhardt. Sein Leben, seine Lieder. Sonnenweg-Verlag, Neuffen 1969

Emil Koch: Geschichte des Kirchenliedes und Kirchengesangs, Bd VIII, Stuttgart 1871

Wilhelm Nelle: Schlüssel zum evangelischen Gesangbuch. Gütersloh 1920

Christhard Mahrenholz: Handbuch zum Evangelischen Kirchengesangbuch, Bd. III, Vandenhoeck u. Ruprecht, Göttingen 1970

Büchner und Fornacon: Die Lieder unserer Kirche. Vandenhoeck u. Ruprecht, Göttingen 1958

Rudolf Alex. Schröder: Dichtung und Dichter der Kirche. Eckhardt-Verlag, Witten 1964

Willy Kramp: Die treuen Helfer. Kreuz-Verlag, Stuttgart 1957

Müller u. Blankenburg: Leiturgia Bd. V, Joh. Stauda-Verlag, Kassel 1971

Wilhelm Thomas: Der Quempas geht um. Bärenreiter, Kassel 1939

Wilhelm Stählin: Predigthilfen Bd. I, Joh. Stauda-Verlag, Kassel 1958

Otto von Taube: Geschichte unseres Volkes, Bd. II, Eckhardt-Verlag, Berlin 1942

Walther Classen: Das Werden des deutschen Volkes, Bd. II., Hanseatische Verlagsanstalt, Hamburg 1930

Gesangbuch zur Beförderung der öffentlichen und häuslichen Andacht. Straßburg 1808

Gesangbuch für den gottesdienstlichen Gebrauch in den Königlich Preußischen Landen, Berlin 1800